Sheila Walsh

Bei dir KOMME ICH zur Ruhe

KOSTBARE MOMENTE FÜR KÖNIGSTÖCHTER

BRUNNEN
Verlag GmbH · Giessen

Sheila Walsh, geboren in Schottland, ist eine echte Multitaskerin: Die bekannte Musikerin ist Fernsehmoderatorin, gefragte Rednerin und erfolgreiche Autorin (ca. 4 Mio. verkaufte Bücher), engagierte Ehefrau, Mutter und gerne unterwegs mit ihren Hunden.

Von der Autorin ebenfalls im Brunnen Verlag erschienen und lieferbar:

* Deine Liebe hält mein Herz
* Meine 5 Minuten mit Gott. Inspiriert durch den Tag
* Hinter dem Lächeln die Tränen

Das Original erschien unter dem Titel „5 Minutes with Jesus. Peace for Today“ in Nashville, Tennessee, bei Thomas Nelson Inc.

FSC www.fsc.org
MIX
Papier aus verantwortungsvollen Quellen
FSC® C014496

Aus dem Amerikanischen von Markus Baum
Lektorat: Petra Hahn-Lütjen und Carolin Kotthaus

Umschlagfoto: Shutterstock
Umschlaggestaltung: Daniela Sprenger
Satz: DTP Brunnen
Herstellung: GGP Media GmbH, Pößneck
ISBN 978-3-7655-0707-6
www.brunnen-verlag.de

Einführung

„Wie hast du uns früher immer zum Einschlafen gebracht?", fragte Kate ihre Mutter per SMS. Für ihre neunzehn Jahre war Kate zwar schon recht erfahren als Babysitterin, aber momentan war sie kurz davor, den Job hinzuschmeißen. Der kleine Kyle wehrte sich jetzt schon fünfundvierzig Minuten dagegen, ruhig zu werden und einzuschlafen.

Ihre Mutter überlegte. „Als ihr noch klein wart, habe ich euch sanft auf den Rücken geklopft, oder ich habe euch leise vorgesungen – so etwas wie ‚Amazing Grace'. Manchmal habe ich euch auch im Schaukelstuhl gewiegt. Du hast es gern gehabt, wenn ich dir mit einem großen Kamm über den Rücken gestrichen habe. Natürlich gab es auch Tage, an denen ich auf Zehenspitzen aus dem Zimmer schleichen wollte, weil ich dachte, dass du eingeschlafen warst. Aber dann hast du lautstark klargemacht, dass du eindeutig noch wach warst!"

Selbst die Allerkleinsten, deren Hauptbedürfnisse etwas zu essen, trockene Windeln und Umarmungen sind, haben manchmal schon damit Probleme, zur Ruhe zu kommen. Und wir, die wir nicht mehr so klein sind, haben oftmals eine noch viel längere Liste von Dingen, die uns den Frieden rauben.

Jesus hat sogar vorausgesagt, dass wir so eine Liste haben würden. Im Johannesevangelium macht er unmissverständlich klar: „Hier auf der Erde werdet ihr viel Schweres erleben" (Johannes 16,33; NL). Diese Erwartung hat die Welt nicht enttäuscht, stimmt's? Typische Friedensräuber sind zum Beispiel die Sorge um die Kinder, der Stress im Job, Termine, die es einzuhalten gilt, unbezahlte Rechnungen, die Hausarbeit und Freunde, die Hilfe brauchen. Dazu kommen bei uns allen innere Friedensräuber wie Furcht, Bitterkeit, Erschöpfung oder tief sitzende Verletzungen.

Aber natürlich hat Jesus nicht nur Anfechtungen und Sorgen angekündigt, er hat auch Frieden verheißen. Vor seiner Kreuzigung hat er seine Jünger auf allerlei Beunruhigendes vorbereitet, „damit ihr in mir Frieden habt" (Johannes 16,33). Sie sollten wissen: Auch wenn die Dinge scheinbar jeder Kontrolle entgleiten, sind sie doch Teil von Gottes souveränem Plan, der sich entfaltet. Jesus hat seinen Jüngern den Heiligen Geist versprochen mit den Worten: „Ich lasse euch ein Geschenk zurück – meinen Frieden. Und der Friede, den ich schenke, ist nicht wie der Friede, den die Welt gibt. Deshalb sorgt euch nicht und habt keine Angst" (Johannes 14,27; NL).

Jesus möchte, dass wir Frieden erleben. Der Friede, mit dem er uns beschenkt, soll unsere „Herzen und Sinne bewahren." Wer sich mit dem Wort Gottes beschäftigt, lernt Jesus und seinen Frieden kennen. Ich hoffe, dass dieses Büchlein dabei helfen kann.

Ganz gleich, ob ich ein Kapitel mit einem Erlebnis oder mit ein paar Gedanken zu einem Bibeltext beginne – an den Schluss habe ich jeweils einige ausgewählte Bibelverse gestellt. Selbst wenn Sie nur Zeit für diese paar Verse finden, kann Ihnen darin Jesus begegnen und Ihnen dazu verhelfen, dass Sie seinen Frieden erleben – auch nachdem Sie das Buch zugeklappt haben und sich ihrem Tagesprogramm zuwenden.

Ich würde zu gern erfahren, wie die Zeit, die Sie mit Jesus verbringen, Ihr Leben verändert. Fünf Minuten täglich reichen schon – viele Menschen können davon berichten, wie das ihr komplettes Leben verwandelt hat. (Im englischsprachigen Raum vernetzten sich solche Leute, die ihre Erfahrungen miteinander teilen wollen, über die Internetseite www.5Minutes-withJesus.com.)

Nun wird es aber Zeit, sich den Friedensräubern zu stellen, mit denen Sie es zu tun haben. Gehen Sie in Frieden, geführt von Ihrem guten Hirten. Atmen Sie tief durch, und lassen Sie aus Ihrem Herzen ein Gebet zu Ihrem Friedefürsten aufsteigen.

Sein Friede sei mit Ihnen.
Sheila Walsh

Die Blickrichtung entscheidet

Ich bin nicht besonders sportlich. Um genau zu sein, war ich es noch nie. Und das wurde leider offensichtlich, als ich zum ersten Mal mit meiner Familie im Skiurlaub war.

Obwohl Christian damals erst zehn war, hatte er sofort den Dreh raus. Ich dagegen habe die beiden ersten Tage auf dem Idiotenhügel verbracht, und wenn es nach mir gegangen wäre, hätte das auch noch für den Rest der Woche so bleiben können. Aber mein Skilehrer meinte, ich sei reif für den nächsten Schritt.

Ich hatte mir im Vorfeld vorgestellt, wie der Skilift funktionieren würde: Er hält an, die Tür öffnet sich, und ich kann in aller Seelenruhe einsteigen. Aber weit gefehlt! Es war eine sich unablässig bewegende Reihe von Sesseln, die selbst beim Einstieg kaum langsamer wurden, und ich musste wie ein altersschwacher Dackel in Position schlurfen und mich dann in den Sessel plumpsen lassen. Hinter mir hörte ich meinen Sohn rufen: „Mom, schau nicht runter!“

So einen Rat hätte auch Petrus gebrauchen können.

Im Matthäusevangelium Kapitel 14 wird ein wahrhaft Furcht einflößender Augenblick geschildert: Die Jünger Jesu sind nachts in einem Boot auf dem aufgewühlten See Genezareth unterwegs, da sehen sie eine Gestalt über das Wasser auf sie zukommen. Sie halten es für ein Gespenst. Im Evangelium heißt es: Sie „schrien voller Entsetzen" (Matthäus 14,26; HfA). Aber es ist kein Gespenst! Jesus gibt sich ihnen zu erkennen und beruhigt sie: Kein Grund zur Sorge! Als Petrus das hört, äußert er eine bemerkenswerte Bitte: „Herr, wenn du es wirklich bist, dann befiehl mir, auf dem Wasser zu dir zu kommen" (V. 28). Und Jesus sagt nur: „Komm her!" (V. 29).

Petrus steigt vorsichtig über die Bordwand und setzt seinen Fuß auf das aufgewühlte Wasser. Es trägt! Er richtet den Blick auf Jesus und beginnt, einen wundersamen Schritt nach dem andern auf den Heiland zuzugehen.

Wenn er nur seine Augen auf Jesus gehalten hätte. Aber nun fesselt der heftige Wind seine Aufmerksamkeit, und als sein Blick von Jesus weg auf die um ihn tosenden Wellen fällt, beginnt Petrus zu sinken. In seiner Panik schreit er zu Jesus um Hilfe – und „sofort streckte Jesus ihm die Hand entgegen [und] hielt ihn fest" (V. 31).

Garantiert erlebt jeder von uns stürmische Augenblicke im Leben, wo uns unser Boot viel zu zerbrechlich erscheint, und wo so viel Wasser ins Boot schlägt, dass wir gar nicht schnell genug schöpfen können. Um uns tobt der Sturm und jagt uns Angst ein, und wir begreifen: Auf uns allein gestellt kommen wir da nicht heraus.

Was kann ein Kind Gottes in solchen Augenblicken retten? Was bringt ihm Frieden? Der Friede stellt sich ein, wenn wir uns klarmachen, wohin wir blicken müssen.

Tobt gegenwärtig in Ihrem Leben ein Sturm? Schauen Sie nicht runter. Richten Sie Ihren Blick auf Jesus.

Wenn der Sturm am heftigsten tobt,
richten Sie Ihren Blick einzig und allein auf Jesus.

Die tägliche Ration Bibel

[Auf dich, Herr, mein Gott, blicken ständig meine Augen, bei dir suche ich Zuflucht – gib mein Leben nicht preis!

Psalm 141,8 (NGÜ)]

Da wir von so vielen Zeugen umgeben sind, die ein Leben durch den Glauben geführt haben, wollen wir jede Last ablegen, die uns behindert, besonders die Sünde, in die wir uns so leicht verstricken. Wir wollen den Wettlauf bis zum Ende durchhalten, für den wir bestimmt sind. Dies tun wir, indem wir unsere Augen auf Jesus gerichtet halten, von dem unser Glaube vom Anfang bis zum Ende abhängt. Er war bereit, den Tod der Schande am Kreuz zu sterben, weil er wusste, welche Freude ihn danach erwartete. Nun sitzt er an der rechten Seite von Gottes Thron im Himmel!

Hebräer 12,1f (NL)

[Ich lasse euch ein Geschenk zurück – meinen Frieden. Und der Friede, den ich schenke, ist nicht wie der Friede, den die Welt gibt. Deshalb sorgt euch nicht und habt keine Angst.

Johannes 14,27 (NL)]

In der Welt habt ihr Angst, aber lasst euch nicht entmutigen: Ich habe die Welt besiegt.

Johannes 16,33 (HfA)

Fürchte dich nicht, ich habe dich befreit! Ich habe dich bei deinem Namen gerufen, du gehörst mir! Musst du durchs Wasser gehen, so bin ich bei dir; auch in reißenden Strömen wirst du nicht ertrinken. Musst du durchs Feuer gehen, so bleibst du unversehrt; keine Flamme wird dir etwas anhaben können.

Jesaja 43,1f (GN)

Samen des Friedens säen

Einige der treuesten Dienerinnen und Diener Gottes hatten sich eingefunden und sie waren bereit, ihre Mitarbeit am Reich Gottes zu zeigen. Ihr Arbeitsfeld war ein Gerichtssaal in Charleston im US-Bundesstaat South Virginia. Sie wollten den Samen des Friedens aussäen und mit ihren Tränen bewässern.

Der junge Mann auf der Anklagebank hatte gestanden, dass er den Menschen, die sie am meisten liebten, das Leben geraubt hatte. Die wirre Absicht dahinter: Er wollte damit einen Rassenkrieg entfesseln.

Aber nun hatte Gott seine Gefolgsleute in den Gerichtssaal geschickt, gerüstet mit der einzigen Waffe, die sie benötigten: mit der Liebe Jesu Christi.

Der Richter wandte sich an die Angehörigen der Opfer mit der Frage, ob sie noch etwas sagen wollten, bevor er zur Entscheidung in der Sache käme. Einer nach dem anderen drehte sich nun zu dem Angeklagten, der ihnen so viel genommen hatte, und sagte: „Ich vergebe dir“ und „Möge Gott deiner Seele gnädig sein.“ Das waren Ehrfurcht gebietende Minuten.[1]

Gottes Weisheit unterscheidet sich gravierend von der Weisheit der Welt, die nach Selbstdarstellung und Rache verlangt. Wenn die Welt solche Samen sät, erntet sie nur Spaltung und Hass.

Dagegen wissen wir aus der Bibel von der Weisheit, die von Gott kommt: Sie „ist vor allem rein. Sie sucht den Frieden, ist freundlich und bereit, nachzugeben. Sie zeichnet sich durch Barmherzigkeit und gute Taten aus. Sie ist unparteiisch und immer aufrichtig. Und wer Frieden stiftet, wird in Frieden säen und Gerechtigkeit ernten" (Jakobus 3,17f; NL).

Sowohl diese Bibelstelle als auch das Beispiel unserer Geschwister in Charleston machen deutlich, dass es mühsam und kostspielig sein kann, wenn wir an Gottes Werk des Friedens mitarbeiten wollen. Um die uns von Gott zugedachte Rolle als Friedensstifter auszufüllen, ist Einsatz und Opferbereitschaft nötig. Zugleich können wir sicher sein: Gott sorgt dafür, dass sich der Einsatz auch lohnt.

In Psalm 126,5f (EÜ) heißt es: „Die mit Tränen säen, werden mit Jubel ernten. Sie gehen, ja gehen und weinen und tragen zur Aussaat den Samen. Sie kommen, ja kommen mit Jubel und bringen ihre Garben."

Wenn wir uns Gott als Friedensstifter zur Verfügung stellen und uns die Mühe machen, in unserer von Sünde gezeichneten Welt Frieden zu säen, haben wir die wunderbare Hoffnung, eines Tages singend und jubelnd die Früchte sehen zu können, die Gott hervorgebracht hat – auch mithilfe unseres treuen Einsatzes.

Wer Jesus nachfolgt und Frieden sät,
wird Gerechtigkeit ernten.

Gott ist nicht ungerecht. Er vergisst nicht, was ihr getan habt und wie ihr aus Liebe zu ihm anderen Christen geholfen habt und immer noch helft. Wir haben nur einen Wunsch: Jeder von euch soll mit diesem Eifer an der Hoffnung festhalten, dass sich einmal alles erfüllt, was Gott versprochen hat. Ja, haltet daran fest, bis ihr das Ziel erreicht! Werdet in eurem Glauben nicht träge und gleichgültig, sondern folgt dem Beispiel der Christen, die durch ihr Vertrauen zum Herrn standhaft geblieben sind und alles erhalten werden, was Gott zugesagt hat.

Hebräer 6,10-12 (HfA)

Ertragt einander und vergebt euch gegenseitig, wenn jemand euch Unrecht getan hat. Denn auch Christus hat euch vergeben. Wichtiger als alles andere ist die Liebe. Wenn ihr sie habt, wird euch nichts fehlen. Sie ist das Band, das euch verbindet. Und der Friede, den Christus schenkt, soll euer ganzes Leben bestimmen. Gott hat euch dazu berufen, in Frieden miteinander zu leben; ihr gehört ja alle zu dem einen Leib von Christus. Dankt Gott dafür!

Kolosser 3,13-15 (HfA)

Die Frucht der Gerechtigkeit wird in Frieden denen gesät, die Frieden stiften.

Jakobus 3,18 (S)

Liebe ist geduldig, Liebe ist freundlich. Sie kennt keinen Neid, sie spielt sich nicht auf, sie ist nicht eingebildet. Sie verhält sich nicht taktlos, sie sucht nicht den eigenen Vorteil, sie verliert nicht die Beherrschung, sie trägt keinem etwas nach. Sie freut sich nicht, wenn Unrecht geschieht, aber wo die Wahrheit siegt, freut sie sich mit. Alles erträgt sie, in jeder Lage glaubt sie, immer hofft sie, allem hält sie stand.

1. Korinther 13,4-7 (NG)

Selig sind, die Frieden stiften; denn sie werden Gottes Kinder heißen.

Matthäus 5,9 (L)

Darauf hat mich niemand vorbereitet!

In den vierzig Wochen, die ich mit meinem Sohn schwanger war (sie fühlten sich eher wie 423 Wochen an), habe ich vermutlich jedes verfügbare Buch zum Thema „Das erste Kind“ gekauft und verschlungen.

Kinder christlich erziehen

Wie wird ihr Kind unabhängig?

Kleine Kinder sind die Führer von morgen

Im Rückblick denke ich, ich hätte selbst eines schreiben sollen mit dem Titel *Bevor Sie ein Kind bekommen, schlafen Sie vier Jahrzehnte auf Vorrat!* ☺

Es gibt eine Menge lesenswerter Ratgeber, die einem durch die verschiedenen Stadien der Kindererziehung helfen können, angefangen beim Säugling übers Krabbelalter bis hin zum Schulabschluss. Aber noch bevor das Abschlusszeugnis Ihres Kindes Staub ansetzt, wird Ihnen schlagartig klar werden, dass Sie in keiner Weise auf die Lektion vorbereitet sind, die dann kommt: das Loslassen.

Christian wurde für den Herbst 2015 an der Texas Agricultural & Mechanical University angenommen. Im Laufe des Hochsommers wuchs der Berg der Sachen, die er fürs College brauchte, ins Unermessliche. Als *Der Tag* dann endlich da war, packten wir so viele Kisten wie möglich in seinen Wagen und den Rest in den SUV, den wir genau für diesen Zweck gemietet hatten, und los ging's. Als wir an der Texas A&M in College Station eintrafen, zeigte das Thermometer 40° C. Ich habe noch nie im Leben so geschwitzt wie an diesem Tag, als wir Wäsche, Töpfe, Pfannen, Kisten mit Notversorgung und genug Popcorn, um damit einen Doppelstockbus zu füllen, ins College schleppten.

Schließlich war alles eingerichtet und geregelt. Den Augenblick des Abschieds werde ich nie vergessen. Christian begleitete uns zum Auto. Er umarmte mich lange, dann schaute er mir in die Augen und sagte: „Danke." Dasselbe machte er mit seinem Vater, und dann blickten wir ihm nach, als er sich abwandte und loszog in all das, was Gott für sein Leben vorbereitet hatte. Den ganzen Heimweg über weinte ich.

Für so viele Dinge im Leben gibt es keinerlei Vorbereitung:

Der Tod eines Ehepartners.

Der Verlust des Arbeitsplatzes.

Die Heirat Ihrer Tochter und ihr Umzug sonst wohin.

Der Studienbeginn Ihres einzigen, geliebten Sohnes – eigentlich genau so, wie Sie es erhofft hatten, wobei Sie aber keine Vorstellung hatten, wie sehr es schmerzen würde.

Wo ist der von Jesus Christus versprochene Friede in derartigen Momenten, in denen Sie nichts anderes tun können, als sich der neuen Wirklichkeit zu stellen? Meiner Erfahrung nach kommt der Friede dann, wenn ich Gott eingestehe, dass ich in keiner guten Verfassung bin. Ist Ihnen schon mal aufgefallen, wie oft sich in der Bibel Ruhe und Frieden unmittelbar nach einem Sturm einstellen? Das Großartige an Gott ist: Ihm müssen Sie nichts vormachen. Wenn Sie aufgebracht sind, seien Sie aufgebracht – und empfangen Sie dann seinen Frieden. Wenn Sie traurig sind, weinen Sie, bis Sie keine Tränen mehr haben – und empfangen Sie dann seinen Frieden.

Der Friede ist nichts,
was wir verlieren könnten,
denn Jesus Christus selbst ist unser Friede.

Die tägliche Ration Bibel

Jesus stand auf, wies den Wind in seine Schranken und befahl dem See: „Schweig! Sei still!" Da legte sich der Wind, und es trat eine große Stille ein.

Markus 4,39 (NG)

Glücklich zu preisen sind die, die arm sind vor Gott; denn ihnen gehört das Himmelreich.

Matthäus 5,3 (NG)

Liebe Brüder und Schwestern! Betrachtet es als besonderen Grund zur Freude, wenn euer Glaube immer wieder hart auf die Probe gestellt wird. Ihr wisst doch, dass er durch solche Bewährungsproben fest und unerschütterlich wird.

Jakobus 1,2f (HfA)

Du zählst alle meine Klagen und sammelst alle meine Tränen in einem Gefäß, ja, du hast jede einzelne in deinem Buch festgehalten.

Psalm 56,9 (NL)

Du hast die Angst meiner Seele erfasst!

Es kam ihr vor, als hätte sie versucht, einen löchrigen Eimer mit Wasser zu füllen.

25 Jahre Ehe, 25 Jahre emotionalen Missbrauch hatte sie ertragen. Sie hatte versucht, ihrem Ehemann zu helfen – aber was sie auch tat oder bereit war zu geben, es war nie genug. Sie hatte ihm wieder und wieder vergeben, hatte ihm unzählige zweite Chancen eingeräumt und ihr gebrochenes Herz immer wieder zusammengeflickt.

Doch dann war eines Tages der Punkt erreicht gewesen, an dem sie so nicht mehr weitermachen wollte. Sie ging mit ihrem Mann zu einem sehr guten Paartherapeuten. Es folgten viele Monate, in denen sie eine Menge lernte und auch manches heil wurde. In einer der letzten Sitzungen offenbarte ihr der Therapeut, ihr Mann habe es einige Male geschafft, dass er an sich selbst gezweifelt hätte. „Wenn ihm das bei mir gelingt," meinte der Therapeut, „dann möchte ich nicht wissen, was er Ihnen alles angetan hat."

„In dem Moment bin ich in Tränen ausgebrochen," erzählte sie später, „denn zum allerersten Mal hat mich jemand wirklich verstanden."

Zu wissen, dass jemand die tiefsten Wunden unserer Seelen wirklich versteht, ist eine kraftvolle Quelle der Heilung. Diese innere Verbindung kann den stärksten Sturm stillen und ist Balsam für schwerstverletzte Herzen. Es ist wunderbar, wenn man bei einem anderen Menschen ein derart tiefes Verständnis findet. Aber in Psalm 31 wird eine noch größere Wahrheit deutlich: Gott selbst kennt und versteht unsere tiefsten und verzweifeltsten Sorgen.

Der Psalmist sagt in Vers 8: „Ich juble vor Freude, dass deine Gnade mich beglückt. Du hast mein Elend gesehen, die Angst meiner Seele erfasst“ (NeÜ). Die hebräische Wendung, die hier mit „vor Freude jubeln“ übersetzt wird, kann man auch mit „herumwirbeln“ wiedergeben. Und die „beglückende Gnade“ kann man auch als „Huld“ oder „Liebe“ verstehen. Alles zusammengenommen bedeutet Psalm 31,8 also in etwa: „Ich wirble herum vor Freude und bin glücklich über dein liebevolles Entgegenkommen, denn du hast mich in meiner Situation wahrgenommen, du schaust mir ins Herz.“ Es hat den Psalmisten wirklich getröstet, dass Gott nicht nur seinen Schmerz versteht, sondern dass dieser Gott auch die Macht hat, ihn zu retten. Das ist in der Tat ein Grund, vor Freude herumzuwirbeln.

Gott sieht Sie, kennt Sie,
liebt Sie und kann Sie retten.

Die tägliche Ration Bibel

Der HERR, dein Gott, ist bei dir, ein starker Heiland. Er wird sich über dich freuen und dir freundlich sein, er wird dir vergeben in seiner Liebe und wird über dich mit Jauchzen fröhlich sein.

Zefanja 3,17 (L)

Du zählst alle meine Klagen und sammelst alle meine Tränen in einem Gefäß, ja, du hast jede einzelne in deinem Buch festgehalten.

Psalm 56,9 (NL)

In meiner Verzweiflung schrie ich zum Herrn, zu ihm, meinem Gott, rief ich um Hilfe. Er hörte mich in seinem Tempel, mein Hilferuf drang durch bis an sein Ohr.

Psalm 18,7 (GN)

Nahe ist der Herr denen, die ein gebrochenes Herz haben. Er rettet alle, die ohne Hoffnung sind.

Psalm 34,19 (NG)

Der HERR segne dich und behüte dich; der HERR lasse sein Angesicht leuchten über dir und sei dir gnädig; der HERR hebe sein Angesicht über dich und gebe dir Frieden.

4. Mose 6,24-26 (L)

Lass mich deine Herrlichkeit sehen

Mose hatte diesen Job eigentlich nie gewollt. Er hatte versucht, Gott zu überzeugen, dass der sich besser einen anderen für die Organisation des Auszugs aus Ägypten suchen sollte. Aber Gott akzeptierte kein „Nein" als Antwort. So kam es, dass Mose tat, was Gott ihm aufgetragen hatte: Er ging nach Ägypten, duellierte sich verbal mit dem Pharao und führte schließlich Gottes Volk, diesen zusammengewürfelten Haufen, aus der Sklaverei in die Freiheit.

Aber nun, mitten im Nirgendwo, war Gott die Aufmüpfigkeit der Israeliten leid und drohte damit, sie sich selbst zu überlassen! „Der Herr befahl Mose: ‚Zieh nun weiter von hier! Geh mit dem Volk, das du aus Ägypten herausgeführt hast, in das Land, das ich Abraham, Isaak und Jakob versprochen habe! [...] Ich aber werde nicht mit euch kommen, weil ihr ein so starrsinniges Volk seid!'" (2. Mose 33,1.3; HfA).

So entgeistert Mose diese Aussage Gottes anfangs aufgenommen hatte, so schlagfertig war seine Antwort auf Gottes Kapitulationserklärung: „Du hast mir zwar den Auftrag gegeben, dieses Volk nach Kanaan zu führen, aber du hast mir nicht gesagt, wen du mit mir schicken willst. Du hast gesagt, dass du mich kennst und dass du mir freundlich gesinnt bist. Wenn dem wirklich so ist, dann zeig mir doch, was du vorhast, damit ich dich besser verstehe und merke, dass du mir freundlich gesinnt bist. Denk doch daran, dass dieses Volk *dein* Volk ist" (2. Mose 33,12f; NL).

Gott lässt sich erweichen. Er versicherte Mose, dass er Israel auf seinem Weg begleiten wird, aber Mose war noch nicht überzeugt und bedrängte ihn erneut. Und wieder versprach Gott, ja, er werde mit seinem Volk weitermachen. Aber Mose fühlte sich wohl zu stark verunsichert. Er brauchte mehr Gewissheit, als Gott sie ihm bisher gewährt hatte. Deshalb bat er den Allmächtigen: „Lass mich deine Herrlichkeit sehen" (V. 18).

Haben die Umstände Ihres Lebens sie ähnlich stark verunsichert? Nehmen Sie sich Zeit nur für sich und Gott. Lassen Sie sich von ihm daran erinnern, dass nichts in der Welt größer oder mächtiger ist als er. Und lassen Sie sich einmal mehr von ihm zuflüstern, dass er den ganzen langen Weg mitgeht.

Gottes Herrlichkeit ist größer als Ihre Panik.

Die tägliche Ration Bibel

Die Himmel erzählen die Herrlichkeit Gottes und das Firmament kündet das Werk seiner Hände.

Psalm 19,2 (EÜ)

Wenn ich den Himmel sehe, das Werk deiner Hände, den Mond und die Sterne, die du erschaffen und an ihren Ort gesetzt hast, dann staune ich: Was ist der Mensch, dass du an ihn denkst? Wer ist er schon, dass du dich um ihn kümmerst!

Psalm 8,4f (NG)

Du weißt: Aus dem fernsten Winkel der Erde habe ich dich gerufen und herbeigeholt, ich habe zu dir gesagt: „Du stehst in meinem Dienst!" Ich habe dich erwählt und ich habe dich auch jetzt nicht verstoßen. Fürchte dich nicht, ich stehe dir bei! Hab keine Angst, ich bin dein Gott! Ich mache dich stark, ich helfe dir, ich schütze dich mit meiner siegreichen Hand!

Jesaja 41,9f (GN)

Die mit einem festen Sinn umgibst du mit Frieden, weil sie ihr Vertrauen auf dich setzen! Vertraut auf den Herrn für immer, denn der Herr ist der ewige Fels.

Jesaja 26,3f (NL)

Der Herr ist mein Hirte, darum leide ich keinen Mangel. Er bringt mich auf Weideplätze mit saftigem Gras und führt mich zu Wasserstellen, an denen ich ausruhen kann. Er stärkt und erfrischt meine Seele.

Psalm 23,1-3 (NG)

Nicht länger beschämt

„Wenn die Leute herausfinden, wo du warst, wird dir niemand mehr jemals vertrauen."

Ich wusste, was meine Freundin meinte. Ich war mir nur zu klar darüber, was mein Rückzug aus einer prominenten Position in einer bekannten christlichen Organisation und mein Aufenthalt in einer psychiatrischen Anstalt bedeuten würden. Das konnte ich niemals wieder ungeschehen machen. Ich hatte meine Entlassung im Grunde selbst verfasst, hatte das Ende eines mehrjährigen Dienstes besiegelt und einen Schlussstrich unter das gezogen, was ich verkörpert hatte. Damit brachte ich selbst einen dunklen Schatten in mein Leben, der auch auf meine Zukunft enormen Einfluss haben konnte.

Psychische Erkrankungen können auf Unbeteiligte ähnlich wirken wie verrottender Müll: Sie machen einen weiten Bogen darum. Hätte ich einen Hirntumor gehabt, die Reaktionen wären ganz anders gewesen. Immerhin kann man einen Tumor auf einem Röntgenbild sichtbar machen; es gibt ihn wirklich. Aber klinische Depressionen kann man nicht röntgen – wie wirklich kann so etwas dann sein?

Ich werde nie meine erste Nacht in der Psychiatrie vergessen. Ich war total verängstigt. Ich war allein. Ich war komplett am Boden zerstört. Eisige Scham umhüllte mein Herz, und ich bezweifelte, dass ich jemals wieder Frieden verspüren können würde.

Scham und Schande kann für unterschiedliche Menschen

auch Unterschiedliches bedeuten. Als der Psalmist David über Scham schrieb, hatte er eine antike, nahöstliche Vorstellung von dem Begriff. Für David waren Scham und Schande verbunden mit einem Leben ohne Hoffnung, mit einem unheilbar beschädigten Leben. David wusste, dass es nur noch eine Adresse gab, an die er sich wenden konnte: An den Gott seiner Väter. „Bei dir, Herr, habe ich Zuflucht gefunden. Lass mich nie in Schande geraten! Erweise mir deine Treue und rette mich!" (Psalm 31,2; NG)

David kam mir in den ersten Wochen in der Psychiatrie näher als sonst jemand. Ich suchte mir eine ruhige Ecke und sprach mir die Psalmen laut vor. Zusammen bewegten wir uns von Verzweiflung zur Hoffnung, vom Schrecken, der uns komplett zu verschlingen drohte, zu einem unerschütterlichen Vertrauen in den Allmächtigen.

Ungeachtet meiner schwankenden und widersprüchlichen Empfindungen fand ich einen Frieden, wie ich ihn noch nie zuvor erlebt hatte. Er hatte wenig mit dem zu tun, wo ich war, aber umso mehr damit, *wer und was* ich war. Die Scham musste die Waffen strecken, als ich mich auf die Schönheit dessen konzentrierte, *wer und was* ich bin: eine Tochter des großen „Ich bin, der ich bin." Den Todesstoß hat die Scham am Kreuz von Golgatha bekommen: Jesus Christus, an dem nichts Schändliches war, wurde für uns zur Schande gemacht, damit wir davon frei werden konnten.

Also lassen Sie nicht zu, dass der Feind Sie mit dem Müll Ihrer Vergangenheit bewirft. In Jesus Christus sind Sie geliebt – und frei!

Am Kreuz hat Jesus der Scham den Todesstoß versetzt.

Anstelle ihrer doppelten Schande und des Frohlockens über die ihnen zuteilgewordene Schmach werden sie in ihrem Land das Doppelte besitzen, ewige Freude wird ihnen zuteil.

Jesaja 61,7 (EÜ)

Zu dir riefen sie und wurden befreit, dir vertrauten sie und wurden nicht zuschanden.

Psalm 22,6 (EÜ)

[Das Evangelium] ist der Grund, warum ich leide! Aber ich schäme mich deswegen nicht, weil ich ja weiß, auf wen ich mein Vertrauen gesetzt habe, und weil ich sicher bin, dass er bis zum Tag seines Kommens bewahren kann, was mir anvertraut wurde.

2. Timotheus 1,12 (NL)

Gott sagt in der Schrift: „Seht, ich verwende für das Fundament auf dem Zionsberg einen Grundstein von unschätzbarem Wert, den ich selbst ausgewählt habe. Wer ihm vertraut, wird vor dem Verderben bewahrt werden."

1. Petrus 2,6 (NG)

Bei dir, Herr, habe ich Zuflucht gefunden – lass mich nie in Schande geraten!

Psalm 71,1 (NG)

Schaffe in mir ein reines Herz

„*Du* bist der Mann“ (2. Samuel 12,7).

Nathans Anklage hallte durch den Thronsaal und traf den König David ins Herz. Er hatte Nathans Erzählung von einem reichen Mann gehört, der einen Armen beraubt und betrogen hatte. Als David erregt fragte, wer etwas derart Schändliches getan hatte, entgegnete Nathan kühn: „Du bist es!“

Einen Schlag nach dem anderen musste David einstecken, als Nathan ihm im Namen Gottes klarmachte, wie weit er mittlerweile entfernt war von dem „Mann nach dem Herzen Gottes“, der er eigentlich sein sollte.

Vorbei war es mit der Heimlichkeit. Die Sünde, die David gut verborgen hatte, genau wie die Schuld, die ihn quälte, lagen nun offen zutage. David blieb nur noch das Eingeständnis: „Ich habe gegen den Herrn gesündigt“ (V. 13).

Daraufhin versicherte Nathan David umgehend, dass Gott seine Schuld vergeben habe. Dennoch würde seine Tat Konsequenzen nach sich ziehen. Der Preis für seine Verfehlung war hoch: Das Kind, das er mit Bathseba, der Frau eines anderen Mannes, gezeugt hatte, würde sterben.

So schmerzhaft es war, dass Nathan David mit seiner Sünde konfrontiert hatte, es war zugleich ein großes Geschenk, denn es führte David zum Eingeständnis seiner Schuld. Das war der erste Schritt auf dem Weg zur Heilung und Wiederherstellung. David selbst hat eingeräumt, dass er seine Schuld als unerträgliche, schreckliche Last empfunden hat: „Erst wollte ich meine Schuld verheimlichen. Doch davon wurde ich so schwach und elend, dass ich nur noch stöhnen konnte. Tag und Nacht bedrückte mich deine strafende Hand, meine Lebenskraft vertrocknete wie Wasser in der Sommerhitze“ (Psalm 32,3f; HfA). Das Kind, das Bathseba David geboren hatte, starb. Aber als David seine Trauerkleider ablegte, war er auch die Schuld und die Scham los.

Bathseba wurde Davids rechtmäßige Ehefrau, und Gott beschenkte das Paar mit einem weiteren Sohn, den David Salomo nannte – „den Friedlichen."

Belastet Sie gegenwärtig eine verborgene Sünde? Wenden Sie sich an Gott. Bekennen Sie die Sünde und werden Sie frei davon. Gott wartet auf Sie mit derselben guten Nachricht, die der Prophet Nathan für David hatte: Ihre Sünde wird „weggetan“ (2. Samuel 12,13).

Legen Sie Ihre Last dem Retter zu Füßen,
und dann erheben Sie Ihre Hände, um ihn zu loben.

Die tägliche Ration Bibel

Gott, erschaffe in mir ein reines Herz und gib mir einen neuen, aufrichtigen Geist. Verstoße mich nicht aus deiner Gegenwart und nimm deinen Heiligen Geist nicht von mir. Lass mich durch deine Hilfe wieder Freude erfahren und mach mich bereit, dir zu gehorchen.

Psalm 51,12-14 (NL)

Die Verfehlungen lasten zu schwer auf uns, aber du kannst uns die Schuld vergeben.

Psalm 65,4 (GN)

Preise den Herrn, meine Seele, und vergiss nicht, was er dir Gutes getan hat! Er vergibt dir all deine Schuld und heilt alle deine Krankheiten. Er rettet dich mitten aus Todesgefahr, krönt dich mit Güte und Erbarmen.

Psalm 103,2-4 (NG)

Wenn Menschen arbeiten, erhalten sie ihren Lohn nicht als Geschenk. Ein Arbeiter hat sich verdient, was er bekommt. Gerecht gesprochen aber wird ein Mensch aufgrund seines Glaubens, nicht aufgrund seiner Taten.

Römer 4,4f (NL)

Wenn wir behaupten, ohne Sünde zu sein, betrügen wir uns selbst und verschließen uns der Wahrheit. Doch wenn wir unsere Sünden bekennen, erweist Gott sich als treu und gerecht: Er vergibt uns unsere Sünden und reinigt uns von allem Unrecht, das wir begangen haben.

1. Johannes 1,8f (NG)

Wenn uns die Reise zu viel abverlangt

„Erschöpfung macht uns allesamt zu Feiglingen." Der Satz wird dem legendären Footballtrainer Vince Lombardi[2] zugeschrieben, und er ist nur zu wahr. Wir alle kennen das: Der Tag geht zu Ende, und zugleich ist auch unsere Energie aufgebraucht, oft endet auch der Mut, den wir eigentlich für den nächsten Tag brauchen und für das, was er bereithält. Große biblische Gestalten haben das erlebt. Selbst der mächtige Prophet Elia.

Wer sich mit Elia beschäftigt, lernt ihn zunächst einmal als entschlossenen Gottesmann kennen, der sich unerschrocken jeder Auseinandersetzung stellt und ohne zu zögern tut, was zu tun ist. Vielleicht auch mit einer Prise demonstrativem Stolz.

Als Königin Isebel zu Ohren kam, wie viel Ärger Elia verursachte, bedrohte sie sein Leben. Ich hätte erwartet, dass der kraftstrotzende Elia ihr vom Berg Karmel (1. Könige 18) aus antwortete: „Versuch es doch! Ich warte!" – Aber weit gefehlt. Elia nahm die Beine in die Hand und rannte davon. Nach einem Tag wilder Flucht landet er in der judäischen Wüste, macht unter einem Ginsterstrauch halt und jammert Gott vor: „Herr, ich kann nicht mehr. Lass mich sterben!" (1. Könige 19,4).

Moment mal! Was ist denn aus unserem siegesgewissen, kühnen Elia geworden, der auf dem Karmel Feuer vom Himmel herabbefohlen hatte? Lesen Sie ruhig weiter …

Unmittelbar nach seinem Hilfeschrei schläft Elia unter dem Ginsterstrauch ein. Er ist total erschöpft. Und was macht Gott? Er hält Elia keinen Vortrag über seine Berufung und lässt keine Appelle los nach dem Motto „Reiß dich zusammen!“ Nichts davon. Stattdessen kümmert sich Gott fürsorglich um Elia. Er schickt einen Engel, der den Propheten aufwecken und ihm etwas zu essen geben soll. Dann soll er Elia erneut schlafen lassen – und ihm dann wieder etwas auftischen. Das Essen und die Erholung hat Elia dringend nötig für die Reise, die vor ihm liegt.

Vielleicht wartet auch auf Sie eine große Reise, oder vielleicht sind Sie bereits unterwegs und an einem Punkt angelangt, an dem Ihnen alles zu viel geworden ist. An dem sie Gott signalisiert haben: „Ich kann nicht mehr.“ Horchen Sie für einen Moment in sich hinein: Brauchen Sie mal wieder einen langen, erholsamen Schlaf? Oder vielleicht nur einen Power-Nap? Verlangt Ihr Körper nach einer vollwertigen Mahlzeit?

Gott, Ihr Schöpfer, weiß, dass Ihr Körper seine Grenzen hat. Deshalb kann manchmal das Produktivste, was wir machen können, eine Pause sein. Es ist erstaunlich, wie ein wenig Ruhe unseren Blickwinkel verändern kann. Wie wir so statt Panik süßen Frieden erleben können – und vielleicht sogar dadurch unsere Entschlossenheit wiedergewinnen.

Zärtlich und fürsorglich kümmert sich Gott um seine Kinder.

Die tägliche Ration Bibel

Die Apostel versammelten sich wieder bei Jesus und berichteten ihm alles, was sie getan und gelehrt hatten. Da sagte er zu ihnen: „Kommt mit an einen einsamen Ort, wo wir allein sind, und ruht ein wenig aus."

Markus 6,30f (EÜ)

Bei Gott allein findet meine Seele Ruhe, von ihm kommt meine Hilfe.

Psalm 62,2 (NG)

Am siebten Tag hatte Gott sein Werk vollendet und ruhte von aller seiner Arbeit aus. Und Gott segnete den siebten Tag und erklärte ihn zu einem heiligen Tag, der ihm gehört, denn an diesem Tag ruhte Gott, nachdem er sein Schöpfungswerk vollbracht hatte.

1. Mose 2,2f (GN)

Werde ruhig vor dem Herrn und warte gelassen auf sein Tun!

Psalm 37,7 (GN)

Kommt zu mir, ihr alle, die ihr euch plagt und von eurer Last fast erdrückt werdet; ich werde sie euch abnehmen. Nehmt mein Joch auf euch und lernt von mir, denn ich bin gütig und von Herzen demütig. So werdet ihr Ruhe finden für eure Seele. Denn das Joch, das ich auferlege, drückt nicht, und die Last, die ich zu tragen gebe, ist leicht.

Matthäus 11,28-30 (NG)

Versöhnung mit den eigenen Grenzen

„Mom, wann wirst du morgen nach Hause kommen?“, fragte mein Sohn.

„Ich nehme den erstmöglichen Flug, also werde ich am frühen Nachmittag heimkommen,“ sagte ich.

„Wirst du noch genug Zeit haben, um die Party vorzubereiten?“

„Welche Party?“, fragte ich, während sich ein vertrautes Grauen in mir breitmachte.

Für den nächsten Abend war der Abschlussball der Highschool meines Sohnes angesetzt. Ich sollte am Vormittag einen Vortrag in Columbus, Ohio, halten, aber nachdem der Abschlussball frühestens um 18.00 Uhr starten würde, wusste ich, dass mir ein ausreichend großer Zeitpuffer blieb.

„Habe ich dir nichts über die Nachfeier erzählt?“, fragte Christian etwas verlegen.

„Nein!“, sagte ich.

„Ich habe fünfundzwanzig Freunde eingeladen, nach dem Ball zu uns zu kommen“, begann er. „Es tut mir so leid. Ich dachte, ich hätte davon erzählt ... ich meine, hätte dich *gefragt*. Wir werden nicht viel brauchen. Nur Burger und Pizza. Vielleicht noch ein paar Brownies.“

Nachdem ich das Telefon aufgelegt hatte, barg ich meinen

Kopf im Kissen des Hotelbettes und betete für die augenblickliche Wiederkunft Jesu. *Herr, ich schaffe das alles nicht!*

Es ist eine kalte, harte Tatsache: Wir sind endliche Geschöpfe mit begrenzten Fähigkeiten. Wir haben nur eine gewisse Menge Energie und einige Stunden pro Tag zur Verfügung. Wenn wir das nicht ernst nehmen und uns selbst gegenüber barmherzig sind, weil wir nun mal Menschen sind, dann wird uns Furcht lähmen und falsche Schuldgefühle werden uns quälen.

Wir können Frieden schließen mit unseren Begrenzungen, wenn wir uns klarmachen, dass unser Wert nicht an dem hängt, *was wir tun*, sondern daran, *wer wir sind*. Gut zu wissen, was der Apostel Petrus dazu geschrieben hat: Wir sind „ein von Gott auserwähltes Volk, seine königlichen Priester, sein Eigentum" (1. Petrus 2,9, HfA).

Manchmal müssen trotzdem noch Dinge getan werden, aber sie müssen nicht perfekt sein. Als ich mich auf die feiernde Horde vorbereitete, gestattete ich mir, zu tun, was ich konnte, und ansonsten den Dingen ihren Lauf zu lassen. Das Haus war noch ein wenig unordentlich, aber trotzdem einladend. Die Brownies kamen aus dem Supermarkt, aber sie verschwanden genauso schnell, als wenn ich sie selbst gebacken hätte. Wichtiger noch: Alle hatten eine schöne Zeit – selbst ich.

Gott liebt Sie nicht wegen dem, was Sie tun,
sondern wegen dem, was Sie sind.

Die tägliche Ration Bibel

Ihr seid der Leib Christi, und jeder Einzelne von euch ist ein Teil dieses Leibes.

1. Korinther 12,27 (NG)

Nachdem aber der Glaube gekommen ist, sind wir nicht mehr unter dem Lehrmeister; denn ihr alle seid durch den Glauben Söhne Gottes in Christus Jesus; denn ihr alle, die ihr in Christus hinein getauft seid, ihr habt Christus angezogen..

Galater 3,25-27 (S)

Ihr seid von Gott auserwählt und seine geliebten Kinder, die zu ihm gehören. Darum soll jetzt herzliches Mitgefühl euer Leben bestimmen, ebenso wie Güte, Bescheidenheit, Nachsicht und Geduld. Ertragt einander und vergebt euch gegenseitig, wenn jemand euch Unrecht getan hat. Denn auch Christus hat euch vergeben. Wichtiger als alles andere ist die Liebe. Wenn ihr sie habt, wird euch nichts fehlen. Sie ist das Band, das euch verbindet.

Kolosser 3,12-14 (HfA)

Der Herr hat zu mir gesagt: „Meine Gnade ist alles, was du brauchst, denn meine Kraft kommt gerade in der Schwachheit zur vollen Auswirkung." Daher will ich nun mit größter Freude und mehr als alles andere meine Schwachheiten rühmen, weil dann die Kraft von Christus in mir wohnt.

2. Korinther 12,9 (NG)

Lasst uns zuversichtlich vor den Thron unseres gnädigen Gottes treten. Dort werden wir Barmherzigkeit empfangen und Gnade finden, die uns helfen wird, wenn wir sie brauchen.

Hebräer 4,16 (NL)

„Wo bist du?"

Es ist Gott, der so herzzerreißend nach Adam ruft: „Wo bist du?" (1. Mose 3,9).

Etwas ist furchtbar schiefgegangen. Diese menschlichen Wesen, die Gott nach seinem Bild geschaffen hat, die er dazu ins Leben gerufen hat, damit sie in Beziehung mit ihm stehen, und deren Gesellschaft er gern in der Kühle des Abends genossen hat: Sie haben sich vor ihm *versteckt*.

Man kann es geradezu hören, wie Gottes Herz bricht, als er diese Worte ausspricht. Aber Gottes Herzbeschwerden haben gerade erst begonnen. Noch viel mehr Sorgen würden folgen.

Aus irgendeiner Ecke des Gartens antwortet Adams Stimme auf Gottes Ruf. „Ich hörte dich kommen und bekam Angst" (V. 10).

Die folgenden Verse decken die Ursache des Problems auf: Gottes Kinder waren ungehorsam und haben damit Sünde und Tod in die Welt gebracht. Kein Wunder, dass es Adam und Eva fröstelte. Auch die Dunkelheit der Scham hat Einzug in ihre Seelen gehalten und hat sie veranlasst, sich vor dem Einen zu verstecken, der sie geschaffen und geliebt hat.

Nun musste Gott seinen Kindern den Preis ihres Ungehorsams klarmachen: Verbannung aus dem Garten Eden, eine verfluchte Erde; ihre eigene Sterblichkeit.

Aber bevor Gott die Konsequenzen aufzählt, lässt er bereits erkennen, wie er das gebrochene Verhältnis zwischen Schöpfer und Geschöpfen wieder heilen wird. Schon hier deutet sich an, dass Adams und Evas Ungehorsam ihn mehr kosten wird als sie. Der Schlange sagt Gott: „Feindschaft soll herrschen zwischen dir und der Frau, zwischen deinen Nachkommen und den ihren. Sie werden euch den Kopf zertreten, und ihr werdet sie in die Ferse beißen“ (V. 15, GN). Schon hier in 1. Mose 3, schon bevor er Adam und Eva aus dem Paradies ausweist und den Engel mit dem Flammenschwert vor dem Tor platziert, deutet Gott an, was er plant: Er will die Kluft zwischen den Herzen seiner Kinder und seinem eigenen Herzen überbrücken. Der Fluch der Sünde, der Fluch der Trennung der Menschen von dem heiligen Gott soll überwunden, soll wirkungslos werden. Gott wird einen Retter schicken: seinen Sohn. Jesus.

Verstecken Sie sich vor Gott? Haben Sie Ihr Herz vor ihm abgeschottet aufgrund von Fehltritten in Ihrer Vergangenheit? Wenn ja, dann lauschen Sie. Hören Sie die Stimme des Vaters? Er ruft Sie. Er hat Sie geschaffen, damit Sie in Gemeinschaft mit ihm leben, und danach verlangt es ihn. Sie müssen keine Angst haben. Es gibt nichts zu verbergen. Der Messias ist gekommen. Ihre Sünden sind vergeben. Und Ihr Vater wartet auf Sie.

Sie müssen sich nicht mehr verstecken.

Christus ist gekommen und hat seine Friedensbotschaft allen gebracht: euch, die ihr fern von Gott lebtet, und allen, die nahe bei ihm waren.

Epheser 2,17 (HfA)

Darum wollen wir zu Gott kommen mit aufrichtigem Herzen und im festen Glauben; denn das Blut von Jesus Christus hat uns von unserem schlechten Gewissen befreit, und unser Körper wurde mit reinem Wasser von aller Schuld reingewaschen.

Hebräer 10,22 (HfA)

Es ist ja schon unwahrscheinlich genug, dass jemand sein Leben für einen unschuldigen Menschen opfert; eher noch würde man es vielleicht für einen besonders edlen Menschen tun. Gott hingegen beweist uns seine Liebe dadurch, dass Christus für uns starb, als wir noch Sünder waren.

Römer 5,7f (NG)

Als ich beim Herrn Hilfe suchte, erhörte er mich und befreite mich aus aller Angst. Wer zu ihm aufschaut, der strahlt vor Freude, und sein Vertrauen wird nie enttäuscht.

Psalm 34,5f (HfA)

Durch Christus und unseren Glauben an ihn können wir nun ohne Furcht und voller Zuversicht zu Gott kommen.

Epheser 3,12 (NL)

Auf etwas warten – und dabei Frieden verspüren

Kaffeebraune Haut – große braune Augen – Haare, die in alle möglichen Richtungen abstanden: Missy war ein super süßes kleines Mädchen aus Haiti. Lisa Harper, eine meiner engsten Freundinnen, hatte sie kürzlich adoptiert. Schon bei der ersten Begegnung hatte sie Missy in ihr Herz geschlossen.

Aber das Adoptionsverfahren hatte sich unerträglich lange hingezogen. Aus Wochen wurden Monate, aus Monaten Jahre. Jedes Mal, wenn es so aussah, als ob Missy endlich zu ihr kommen würde, tauchte ein neuer Haken auf irgendeinem behördlichen Papier auf und verschob die Ziellinie weiter in die Zukunft. Lisa machte sich Sorgen um Missy und verzehrte sich regelrecht nach ihr.

Unterdessen wurde Missy älter, und meine Freundin beobachtete ihre Entwicklung aus der Ferne. Wiederholt besuchte sie das Mädchen in Port-au-Prince, gelegentlich gab es neue Fotos.

„Ich war wirklich schlecht im Warten", gibt Lisa freimütig zu. „Geduldig zu sein ist echt eines der schwersten Dinge auf dieser Welt."

Und doch ist Warten Teil unserer Wirklichkeit, und Gott erwartet von uns, dass wir ruhig ausharren. Wir können auch im Abwarten Frieden erleben, und der Schlüssel dazu ist das Wissen, dass Gott ohne jeden Zweifel unsere Gebete hört.

Dieses Wissen hat Hanna geholfen, einer Glaubensheldin aus dem Alten Testament. Wie meine Freundin hatte auch Hanna über sehr lange Zeit hinweg auf ein Kind gewartet, aber Hannas Situation war obendrein schmerzlich durch Peninna verschärft worden, der zweiten Frau ihres Mannes. Peninna, die mit mehreren Kindern gesegnet war, machte sich einen Spaß daraus, Hanna wegen ihrer Unfruchtbarkeit zu peinigen. In 1. Samuel 1 ist zu lesen, dass Peninna immer dann besonders garstig zu Hanna war, wenn diese wie jedes Jahr zum Heiligtum nach Silo pilgern wollte. Sie kränkte sie „so sehr, dass sie weinte und nichts essen konnte" (V. 7). So ging das mehrere Jahre lang.

Hanna hatte das alles immer ertragen. Nun flüchtete sie sich zur Stiftshütte, zur Wohnstätte Gottes, und schüttete ihm einmal mehr ihr gepeinigtes Herz aus. Aber diesmal bekam sie von Gott eine Antwort, die ihrer Seele Frieden brachte. Und der Priester Eli entließ sie mit den Worten: „Geh in Frieden! Der Gott Israels wird deine Bitte erfüllen" (V. 17).

Aus den folgenden Versen erfahren wir, dass sie zu ihrer Familie zurückkehrte und „nicht mehr traurig" war.

Vielleicht warten auch Sie. Auf ein Kind. Auf eine Zuwendung. Auf eine Antwort.

Lassen Sie sich von Hanna leiten. Schütten Sie Gott Ihr Herz aus und vertrauen Sie darauf, dass er Sie hört. Halten Sie an dieser Zusage fest, während Sie warten.

Während Sie warten, ist Gott bei Ihnen.

Ich dachte schon in meiner Angst, ich wäre aus deiner Nähe verbannt. Doch du hast mich gehört, als ich um Hilfe schrie. Liebt den Herrn, ihr, die ihr ihm gehört; denn er schützt alle, die ihm die Treue halten. Doch wer sich über ihn erhebt, bekommt seinen Zorn zu spüren. Ihr, die ihr auf den Herrn vertraut, seid stark, fasst Mut!

Psalm 31,23f (GN)

Ich bin gewiss, dass ich am Leben bleiben und sehen werde, wie gütig der Herr ist. Hoffe auf den Herrn, sei stark, und dein Herz fasse Mut – ja, hoffe auf den Herrn!

Psalm 27,13f (NG)

Der Herr, der heilige Gott Israels, hat zu euch gesagt: „Wenn ihr zu mir umkehrt und stillhaltet, dann werdet ihr gerettet. Wenn ihr gelassen abwartet und mir vertraut, dann seid ihr stark."

Jesaja 30,15 (GN)

Den Erschöpften gibt [der Herr] neue Kraft, und die Schwachen macht er stark. Selbst junge Menschen ermüden und werden kraftlos, starke Männer stolpern und brechen zusammen. Aber alle, die ihre Hoffnung auf den Herrn setzen, bekommen neue Kraft. Sie sind wie Adler, denen mächtige Schwingen wachsen. Sie gehen und werden nicht müde, sie laufen und sind nicht erschöpft.

Jesaja 40,29-31 (HfA)

Aufrichtigkeit und Ehrlichkeit sollen mein Schutz sein, denn meine Hoffnung bist allein du.

Psalm 25,21 (NG)

Unser Zufluchtsort, unsere Burg

Wie hat er das alles überlebt?

Wie hat er es angestellt, dass er bei Sinnen blieb?

Wie hat er an der Hoffnung festhalten können?

Wenn wir um 430 nach Christus in Großbritannien gelebt hätten, hätten wir uns möglicherweise derartige Fragen gestellt im Hinblick auf einen jungen Mann namens Patricius. Im Alter von 16 Jahren war dieser wohlerzogene römische Bürger und geliebte Sohn brutal aus seiner Familie herausgerissen und als Sklave nach Irland verschleppt worden.

Patricius verbrachte sechs Jahre in Hunger, Kälte und nahezu völliger Isolation. Wie konnte er den Missbrauch, die Vernachlässigung, das Trauma überstehen? Wie ist es möglich gewesen, dass dieser verwilderte junge Mensch am Ende zu einem einflussreichen Gottesmann wurde?

Patricius betete. Das tat er bei Tag und Nacht in der trostlosen Hügellandschaft Irlands – mit den Schafen, die er zu hüten hatte, als einziger Gesellschaft. Unablässig richtete er sein Herz auf Gott aus. Patricius hielt sich an dem Einen fest, der ihn unter derart schwierigen Umständen bewahren konnte.

Im Lauf der Jahre ereignete sich das Wunderbare: Patricius veränderte sich. Der Mediävist und Schriftsteller Thomas Cahill beschreibt es so: „Patricius durchlitt sechs Jahre in dieser beklagenswerten Isolation, und am Ende hatte er sich von einem sorglosen Jungen zu einem Menschen entwickelt, der er sonst nicht geworden wäre – zu einem heiligen Mann, einem Visionär, für den es zwischen dieser und der nächsten Welt keine Trennung mehr gab.“[3]

Schließlich gewann Patricius mit Gottes Hilfe die Freiheit zurück, und kam wieder heim nach Britannien. Aber Patricius verbrachte den Rest seines Lebens nicht in wohlverdientem Komfort. Wie hätte er das tun können, wo ihn doch die Hilferufe der unerlösten Iren verfolgten?

Er kehrte nach Irland zurück, in das Land, in dem er Unterdrückung erlebt hatte, und teilte das Licht der Liebe Gottes mit den Menschen dort. Wir kennen ihn heute als St. Patrick.

In einer widrigen, feindseligen Welt (Johannes 16,33) gibt es zwangsläufig Verluste, und als Christen sind wir nicht gefeit vor schmerzhaften Angriffen. Aber uns ist verheißen worden, dass wir als Kinder Gottes niemals allein sind – auch nicht unter den widrigsten Umständen und auch nicht, wenn die Welt auf uns spuckt. Tatsächlich gilt erst recht in Leidenszeiten: Gott ist unsere Zuflucht!

Wie Patricius können wir unbedingt darauf vertrauen, dass Gott aus den Anfechtungen, denen wir ausgesetzt sind, Großartiges entstehen lassen kann, wenn wir uns eng an ihn halten und ihm erlauben, sein gutes Werk an uns zu tun.

Gott ist der Zufluchtsort für seine Kinder und der Retter, der die Schönheit unter der Asche wieder hervorbringt.

Bewahre mich wie deinen Augapfel! Beschütze mich wie ein Vogel seine Jungen.

Psalm 17,8 (HfA)

Wenn schlimme Tage kommen, nimmt der Herr mich bei sich auf, er gibt mir Schutz unter seinem Dach und stellt mich auf sicheren Felsengrund.

Psalm 27,5 (GN)

Wie groß ist deine Güte, Herr! Du wendest sie denen zu, die dir gehorchen. Vor aller Augen zeigt sich diese Güte an denen, die bei dir Zuflucht suchen. In deiner Nähe sind sie geborgen, vor allen Ränken sicher unter deinem Dach. Du nimmst sie in Schutz vor ihren Verklägern.

Psalm 31,20f (GN)

Sei mir gnädig, o Gott, sei mir gnädig! Denn bei dir ist meine Seele geborgen, im Schatten deiner Flügel will ich mich bergen, bis die tödliche Gefahr vorüber ist.

Psalm 57,2 (NG)

„Also verurteile ich dich auch nicht"

„Mose hat uns im Gesetz befohlen, solche Frauen zu steinigen. Was sagst du dazu?" (Johannes 8,5).

Die beim Ehebruch ertappte Frau ließ beschämt ihren Kopf hängen. Die Menge, die Jesus umringte, hielt die Luft an, gespannt auf seine Antwort an die feindseligen Schriftgelehrten und Pharisäer.

Es war offensichtlich eine Falle, das war Jesus klar. Würde er sich für die Frau einsetzen, dann stünde er in Opposition zu Gottes Geboten. Würde er das Religionsgesetz bestätigen, dann würde er der Frau in ihrer größten Not die Hilfe vorenthalten. Welche Wahl würde er treffen? Rechtgläubigkeit oder Erbarmen? Würde er das Gesetz hochhalten, oder würde er seinen Ruf riskieren und sich angreifbar machen – einer eindeutig schuldigen Frau zuliebe? Die Pharisäer waren sich sicher, dass Jesus aus dieser Zwickmühle nicht wieder herauskommen würde. Die Frau war ihnen gleichgültig – sie war lediglich der Köder in der Falle. Aber Jesus wollte ihr helfen.

Die ganze bemerkenswerte Geschichte kann man im Johannesevangelium (8,1-11) nachlesen; ich möchte an dieser Stelle nur einzelne Punkte herausheben: Natürlich stellte Jesus die Barmherzigkeit über das Gericht, und er tat es in einer solchen Weise, dass sich ihre Ankläger schweigend aus dem Tempelbezirk zurückzogen. Nachdem die Frau die Ankläger nicht mehr fürchten musste, konnte sich Jesus um die Heilung ihres von Sünde entstellten Herzens kümmern:

Jesus richtete sich auf. „Wo sind sie geblieben?", fragte er die Frau. „Hat dich keiner verurteilt?" – „Nein, Herr, keiner", antwortete sie. Da sagte Jesus: „Ich verurteile dich auch nicht; du darfst gehen. Sündige von jetzt an nicht mehr!" (Johannes 8,10f; NG).

Vielleicht lasten auf Ihnen wie bei der Frau in dieser Geschichte die niederschmetternden Urteile anderer, vielleicht empfinden Sie ihre Missbilligung wie Messerstiche. Vielleicht hat man sich schon viel zu lange an Ihrem Wohnort über Ihre Fehltritte ereifert. Wenn das so ist, dann können Sie sich klarmachen: Verachtung und Verurteilung verläuft stets horizontal – es ist etwas, das wir gefallenen Kinder von Adam und Eva einander antun.

Ich empfehle Ihnen stattdessen die Vertikale. Gnade beginnt am Kreuz. Schauen Sie auf zu dem Einen, der Sie so sehr geliebt hat, dass er für die Sünden gestorben ist, über die andere sich das Maul zerreißen. Und wenn Sie heute mit Scham zu kämpfen haben, dürfen Sie wissen: Jesus hat für Sie dieselben mitfühlenden Worte, die er damals der im Ehebruch ertappten Frau zugesprochen hat: „Ich verurteile dich auch nicht; du darfst gehen. Sündige von jetzt an nicht mehr!"

Diese Worte können Frieden in tieftraurige Herzen tragen.

Die Gnade begegnet uns im Staub,
aber sie lässt uns nicht dort.

Die tägliche Ration Bibel

Da wir nun gerecht geworden sind durch den Glauben, haben wir Frieden mit Gott durch unsern Herrn Jesus Christus.

Römer 5,1 (L)

Vor dem Gericht Gottes gibt es also keine Verurteilung mehr für die, die mit Jesus Christus verbunden sind.

Römer 8,1 (GN)

Gott hat seinen Sohn nicht in die Welt gesandt, damit er die Welt richtet, sondern damit die Welt durch ihn gerettet wird.

Johannes 3,17 (EÜ)

Der Herr rettet das Leben aller, die bei ihm Schutz suchen; sie haben kein Unheil zu fürchten.

Psalm 34,23 (GN)

Hieran erkennen wir, dass wir in der Wahrheit leben und Gott voller Zuversicht begegnen können, selbst wenn unser Herz uns verurteilt. Denn Gott ist größer als unser Herz, und er weiß alles.

1. Johannes 3,19f (NL)

Thelma und Louise

Ich erinnere mich noch gut an unsere erste Begegnung. Ich signierte Bücher, und sie stand mit ihrem Rollstuhl in der Warteschlange. Ich wollte ihr helfen, sodass sie mit dem Rollstuhl in einen günstigeren Winkel für den Fotografen kam, aber ich muss den falschen Knopf gedrückt haben und beförderte sie damit rückwärts in die Menschenmenge zurück. Dankenswerterweise nahm sie mir das nicht übel, und auch die anderen Leute nicht.

Wir wurden Freunde. Ihr Name ist Erin, und sie ist seit ihrer Geburt spastisch gelähmt. Mit vierzehn kam als weitere Diagnose Skoliose dazu. Dann bekam sie auch noch Depressionen.

Jedes Jahr, wenn ich zu Vorträgen in einer Halle nahe ihres Wohnorts bin, ist sie dabei. Ich weiß, dass es nicht einfach für sie ist, aber sie findet stets einen Weg. Das bewies sie aufs Beste bei einer kleineren Veranstaltung im Frühjahr 2015.

Erin hatte mir vorher Bescheid gegeben, dass sie und ihre beste Freundin Jen, ebenfalls Rollstuhlfahrerin, dorthin kommen würden. Ich wusste, dass die beiden eine ordentliche Strecke zu fahren hatten, und so fragte ich Erin, ob sie in einem Hotel übernachten würden. Das war so. Ich vergewisserte mich, dass die Organisatoren einen Tisch für die beiden reservierten mit genügend Raum für die Rollstühle. Am Ende des Tages setzte ich mich mit Erin und Jen auf einen Kaffee zusammen, und wir tauschten uns aus und lachten bis spätabends. Als meine Gastgeberin zum Aufbruch blies, bat ich Erin, mir zu schreiben, sobald sie in ihrem Hotel angekommen sein würde – nur zu meiner Beruhigung. Sie versprach es.

Es wurde elf Uhr, dann Mitternacht, und ich begann mir wirklich Sorgen zu machen. Dann bekam ich endlich ihre Nachricht, worin sie alles erklärte – und mich traf fast der Schlag!

Erin und Jen hatten an diesem Abend kein Taxi genommen. Sie waren die ganze Strecke mit ihren elektrischen Rollstühlen gefahren, und als die Akkus schlappmachten, hatten sie zum Wiederaufladen eine Bar angesteuert!

Ich versuchte mir auszumalen, wie Erin und Jen – die christliche Ausgabe von Thelma und Louise – zwischen Motorradfahrern und Billiardspielern an der Steckdose hingen. Und ich staunte einmal mehr, was manche Leute für die Nachfolge Jesu Christi investieren. Erin ist mir gegenüber immer sehr ehrlich. Sie teilt ihre Frustrationen und Ängste genauso mit mir wie ihre Siege und ihre Erlebnisse in der Stille. Und ihre Nachrichten enden üblicherweise mit „#BelievingGod."

Vor einigen Jahren sagte mir meine Freundin Joni Erickson Tada, die ebenfalls im Rollstuhl sitzt, dass sie den Eindruck habe, der Weg des Glaubens sei für mich viel schwerer als für sie. Ich fragte, warum.

„Nun, ich kann keinen Moment lang vergessen, dass ich auf Jesus Christus angewiesen bin – du aber schon!"

Eine wahre, hart erkämpfte Einsicht.

Deshalb möchte ich Sie heute ermutigen: Nehmen Sie sich Zeit. Kommen Sie zur Ruhe. Werfen Sie Ihre Sorgen auf Jesus. Er ist alles, was wir wissen müssen, wenn wir etwas über Frieden wissen wollen.

Wenn Ihnen der Saft ausgeht, halten Sie an und laden Sie sich auf – bei Jesus Christus.

Die tägliche Ration Bibel

Seid still und erkennt, dass ich Gott bin.

Psalm 46,11 (S)

Der Herr, der heilige Gott Israels, hat zu euch gesagt: „Wenn ihr zu mir umkehrt und stillhaltet, dann werdet ihr gerettet. Wenn ihr gelassen abwartet und mir vertraut, dann seid ihr stark."

Jesaja 30,15 (GN)

Die Frucht der Gerechtigkeit wird Friede sein, und der Ertrag der Gerechtigkeit wird Ruhe und Sicherheit sein auf ewig.

Jesaja 32,17 (L)

Lasst alle sehen, dass ihr herzlich und freundlich seid. Denkt daran, dass der Herr bald kommt. Sorgt euch um nichts, sondern betet um alles. Sagt Gott, was ihr braucht, und dankt ihm. Ihr werdet Gottes Frieden erfahren, der größer ist, als unser menschlicher Verstand es je begreifen kann. Sein Friede wird eure Herzen und Gedanken im Glauben an Jesus Christus bewahren.

Philipper 4,5-7 (NL)

Hilf meinem Unglauben!

Zu behaupten, dass diese Szene intensiv gewesen sei, wäre eine Untertreibung.

Die Jünger Jesu hatten sich in eine Diskussion mit den Schriftgelehrten verwickeln lassen, und um sie hatte sich eine neugierige Menge versammelt. In der Mitte stand ein von einem Dämon geplagter Junge und sein Vater, ein entmutigter, verzweifelter Mann.

Vielleicht verstehen Sie seine Situation besser, als Ihnen lieb ist. Vielleicht sind auch Sie auf einem sehr steinigen Weg unterwegs. Ja, Sie haben einmal stark angefangen, aber als aus den Tagen beschwerliche Wochen und dann Monate wurden, als selbst Ihre leidenschaftlichsten Gebete ungehört an der Zimmerdecke abzuprallen schienen, wurde Ihr Glaube schwächer. Nun finden Sie sich entmutigt inmitten von Chaos wieder und gieren nach Entlastung, haben aber noch nicht einmal die Kraft, um einen Teelöffel Hoffnung zu betteln.

Als Jesus zu der Menge trat, fragte er den ausgelaugten Vater: „Wie lange hat er das schon?"

Und der Vater antwortete ihm:

„Von Kind auf. Und oft hat er ihn ins Feuer geworfen und ins Wasser, um ihn zu vernichten. Jedoch – wenn du etwas vermagst, so hilf uns und hab Mitleid mit uns." Jesus aber sagte zu ihm: „Was soll das heißen: Wenn du etwas vermagst? Alles ist möglich dem, der glaubt." Sogleich schrie der Vater des Kindes: „Ich glaube! Hilf meinem Unglauben!" (Markus 9,21-24; Z).

Genau das hat Jesus getan. Er ist dem Vater genau dort begegnet, wo er war – zwischen Glauben und Unglauben –, und Jesus hat seinen Sohn befreit.

Wenn Sie in Ihrem Glauben müde geworden sind, möchte ich Ihnen an dieser Geschichte deutlich machen: Zugegeben, der Glaube des Vaters war nicht der Rede wert, aber Jesus hat dennoch gehandelt. Jesus erwartete von niemandem perfekten Glauben – er hat den Jungen gleichwohl geheilt.

Jesus erwartet auch von uns keinen perfekten Glauben. Bieten Sie Gott einfach an, was Sie an Glauben haben, ganz gleich, wie wenig, wie unscheinbar, wie abgenutzt, wie aufgebraucht es sein mag.

Jesus verurteilt weder Sie noch mich für einen Glauben, der schwächer ausfällt, als wir es uns wünschen. Er liebt Sie, und er wird handeln.

> Wir brauchen keinen perfekten Glauben, weil wir einen perfekten Erlöser haben.

Die tägliche Ration Bibel

Wahrlich, ich sage euch: Wenn ihr Glauben hättet wie ein Senfkorn, so würdet ihr zu diesem Berg sprechen: „Hebe dich weg von hier dorthin!", und er würde sich hinwegheben; und nichts würde euch unmöglich sein.

Matthäus 17,20 (S)

Deine Liebe habe ich ständig vor Augen, und deine Treue bestimmt mein Leben.

Psalm 26,3 (HfA)

Ihr habt allen Grund, euch zu freuen und zu jubeln, auch wenn ihr jetzt nach Gottes Plan für eine kurze Zeit Prüfungen verschiedenster Art durchmachen müsst und manches Schwere erleidet. Denn diese Prüfungen geben euch Gelegenheit, euch in eurem Glauben zu bewähren. Genauso, wie das vergängliche Gold im Feuer des Schmelzofens gereinigt wird, muss auch euer Glaube, der ja unvergleichlich viel wertvoller ist, auf seine Echtheit geprüft werden. Und wenn dann Jesus Christus in seiner Herrlichkeit erscheint, wird eure Standhaftigkeit euch Lob, Ruhm und Ehre einbringen.

1. Petrus 1,6f (NG)

Der Gott des Friedens heilige euch durch und durch. Er schütze euern Geist, eure Seele und euern Körper, damit sie unversehrt sind, wenn Jesus Christus, unser Herr, wiederkommt. Gott, der euch berufen hat, ist treu; er wird halten, was er versprochen hat.

1. Thessalonicher 5,23f (NL)

Dem, der euch bewahren kann, damit ihr nicht fallt, und der euch bereit macht, damit ihr makellos und voller Freude seid für seine große Herrlichkeit, gehört alle Ehre.

Judas 24 (NL)

Kommen Sie so, wie Sie sind!

Eine der Herausforderungen bei Flugreisen ist, dass ich manchmal in der einen Stadt eintreffe, und mein Gepäck landet in der anderen. Vor den bestürzenden Ereignissen des 11. Septembers 2001 war es einfacher, alles Nötige beieinanderzuhalten, zumal man noch größere Mengen an Flüssigkeiten im Handgepäck mit sich führen konnte. Ich muss mich immer wieder daran erinnern, dass ich winzige Haarspraydosen kaufe und das Shampoo und die Haarspülung in die kleinen, regelkonformen Fläschchen fülle, die man überall kaufen kann. Da ich oft zeitlich sehr knapp dran bin, muss ich aber fast immer wenigstens einen Koffer aufgeben.

Im Frühjahr 2014 hatte ich die Lektion zu lernen, dass *immer* auch eine Garnitur Oberbekleidung ins Handgepäck gehört. Ich sollte auf der Konferenz einer sehr konservativen christlichen Gruppierung sprechen. Dem kleinen Ort in Missouri am nächsten gelegen war der Flughafen von St. Louis. Nachdem ich am Gepäckband eine halbe Stunde vergeblich gewartet hatte, wurde mir klar, dass mein Koffer St. Louis nicht mochte und sich selbst zurückgeschickt hatte. Es war schon spät, und das Einkaufszentrum hatte bereits geschlossen. Die liebenswürdige Lady, die mich für die dreistündige Weiterreise aufsammelte, versuchte mich zu beruhigen – an unserem Zielort gäbe es ein großes Warenhaus, das rund um die Uhr geöffnet hätte. Ich war mir allerdings nicht so sicher, dass dort überhaupt Kleidung angeboten wurde.

Wir steuerten zuerst die Kosmetikabteilung an. Ich schnappte mir zwei verschiedene Nuancen von Make-up; für einen richtigen Farbcheck war keine Zeit. Im schlimmsten Fall würde ich entweder wie ein Albinokaninchen oder wie eine Dame aus Westafrika aussehen. Wir zogen weiter in die Textilabteilung, die – so warnte man uns – gerade nur wenig Auswahl hatte, weil kurz vorher ein Großereignis stattgefunden hatte. Ich fand immerhin *ein* Kleid, das mir ... einigermaßen passte. Na ja, eigentlich hätte ich dafür zehn Zentimeter größer sein müssen, aber immerhin war ich angemessen angezogen. Auch wenn ich damit gleichzeitig die Bühne fegen konnte.

Als ich mich dann am nächsten Morgen im Spiegel betrachtete, wusste ich nicht, ob ich lachen oder weinen sollte. Ich hatte die beiden Grundierungen gemischt, das Ergebnis war ein sehr eigenwilliger Farbton. Und was mein Kleid betraf – ich sah aus wie eine Komparsin aus der TV-Serie *Unsere kleine Farm*!

Nun, Herr, was hältst du davon?, dachte ich. Und was bekam ich zur Antwort?

„Wunderschön!“

Nein, Gott ist weder farbenblind noch modemäßig urteilsschwach. Er sieht einfach den Menschen hinter der Kleidung, egal was der Spiegel sagt.

In der Welt, in der wir leben, werden wir ständig nach vergänglichen Kriterien beurteilt. Frieden stellt sich ein, wenn wir so wahrgenommen und geliebt werden, wie wir tatsächlich sind.

Wenn Gott Sie anblickt,
sieht er das Liebenswerte und Schöne an Ihnen,
das nie vergeht.

Die tägliche Ration Bibel

Der HERR segne dich und behüte dich; der HERR lasse sein Angesicht leuchten über dir und sei dir gnädig; der HERR hebe sein Angesicht über dich und gebe dir Frieden.

4. Mose 6,24-26 (L)

Ich habe den Herrn stets vor Augen. Weil er mir zur Seite steht, werde ich nicht zu Fall kommen. Deshalb ist mein Herz voll Freude, und ich kann aus tiefster Seele jubeln. Auch mein Körper ruht in Sicherheit.

Psalm 16,8f (NG)

Allen, die ihn aufnahmen und ihm Glauben schenkten, verlieh er das Recht, Kinder Gottes zu werden.

Johannes 1,12 (GN)

Weshalb macht ihr euch so viele Sorgen um eure Kleidung? Seht euch an, wie die Lilien auf den Wiesen blühen! Sie mühen sich nicht ab und können weder spinnen noch weben. Ich sage euch, selbst König Salomo war in seiner ganzen Herrlichkeit nicht so prächtig gekleidet wie eine von ihnen.

Matthäus 6,28f (HfA)

Eure Schönheit soll von innen kommen! Freundlichkeit und ein ausgeglichenes Wesen sind der unvergängliche Schmuck, der in Gottes Augen Wert hat.

1. Petrus 3,4 (GN)

Gute Neuigkeiten für alle – also auch für Sie!

Der Frühling hatte sich eingestellt, die Zeit der Abschlussbälle war gekommen. Der siebzehnjährige Highschool-Quarterback Ben Moser wusste, mit wem er zum Ball gehen würde. Schon in der vierten Klasse hatte er seiner Freundin Mary versprochen, dass er, wenn es dann einmal so weit sein würde, sie fragen würde.

Bereits seit der zweiten Klasse hatte Ben immer dafür gesorgt, dass Mary, die das Downsyndrom hat, sich akzeptiert fühlte.

Warum gehen uns Geschichten wie diese ans Herz und verbreiten sich wie ein Buschfeuer im Internet? Weil sie ein widerhallendes „Ja!“ auf die Frage anbieten, die sich jeder von uns gelegentlich stellt. *Ist es möglich, dass mich jemand genau so, wie ich bin, akzeptiert und liebt? Genüge ich den Anforderungen?*

Ich weiß nicht, ob sich die Hirten in Lukas 2 jemals solche Fragen gestellt haben. Jedenfalls aber haben sie eine unvergessliche Antwort bekommen. Ich möchte das gerne erläutern:

Zu der Zeit, als der Heiland geboren wurde, galten Schafhirten nicht gerade als vertrauenswürdig. Sie gehörten zu einem der niederen Ränge der Gesellschaft. Ich finde es wunderbar, dass Gott gerade solche Leute, die wenig oder nichts galten, gewürdigt hat, die Botschaft der Engel von der Geburt des Erlösers zu hören! Was für ein Gruß: „Fürchtet euch nicht! Ich verkünde euch eine Botschaft, die das ganze Volk mit großer Freude erfüllen wird: Heute ist für euch in der Stadt, in der schon David geboren wurde, der versprochene Retter zur Welt gekommen. Es ist Christus, der Herr“ (Lukas 2,10f; HfA).

Das ganze Volk ...

Schafhirten waren möglicherweise in der damaligen Gesellschaft bei ihren Mitmenschen gering geachtet, aber nicht bei Gott. Der ewige und allmächtige Gott wollte, dass sie wissen: Er liebt sie und akzeptiert sie so, wie sie sind.

Was damals eine überaus erfreuliche Botschaft für die Hirten war, das ist heute auch eine überaus erfreuliche Botschaft für uns.

Sind Sie im Zweifel, ob Sie akzeptiert und geliebt werden? Ob Sie mit dem, was und wie Sie sind, genügen? Sie müssen sich nicht fürchten. Gott liebt Sie und akzeptiert Sie ungeachtet Ihrer Fehler, ungeachtet Ihrer Vergangenheit. Erlauben Sie Ihrem Herzen, dass es Gottes große Liebe zu Ihnen genießt.

> Das Volk, das in der Finsternis des Zweifels lebt, sieht das große Licht der Liebe Gottes.

Die tägliche Ration Bibel

Ihr seid ein von Gott auserwähltes Volk, seine königlichen Priester, ihr gehört ganz zu ihm und seid sein Eigentum. Deshalb sollt ihr die großen Taten Gottes verkünden, der euch aus der Finsternis befreit und in sein wunderbares Licht geführt hat.

1. Petrus 2,9 (HfA)

Der Geist Gottes des HERRN ist auf mir, weil der HERR mich gesalbt hat. Er hat mich gesandt, den Elenden gute Botschaft zu bringen, die zerbrochenen Herzen zu verbinden, zu verkündigen den Gefangenen die Freiheit, den Gebundenen, dass sie frei und ledig sein sollen.

Jesaja 61,1 (L)

Denn uns wurde ein Kind geboren, uns wurde ein Sohn geschenkt. Auf seinen Schultern ruht die Herrschaft. Er heißt: wunderbarer Ratgeber, starker Gott, ewiger Vater, Friedensfürst.

Jesaja 9,5 (NL)

Wer könnte es wagen, die von Gott Auserwählten anzuklagen? Niemand, denn Gott selbst spricht sie von aller Schuld frei.

Römer 8,33 (HfA)

Bedeutungsvolle Mahlzeiten

Der fünfjährige Josia verstand nicht, was er da sah, als er mit seiner Mutter im örtlichen Schnellrestaurant saß. In einer Nische des Lokals saß ein Mann in abgerissenen Kleidern und offensichtlich niedergeschlagen. Obwohl er sich schon länger dort aufhielt, kam niemand, um seine Bestellung aufzunehmen.

„Warum sieht der Mann so aus?“, fragte Josia. Seine Mutter erklärte ihm, dass der Mann obdachlos sei.

„Was ist das, *obdachlos*?“

„Das heißt, dass er kein Haus hat, in dem er wohnt.“

Josia war – genau wie sein Namensvetter im Alten Testament, der König von Juda – ein Mann der gerechten Tat. Der Kleine verlangte von seiner Mutter, sie solle dem Mann eine Mahlzeit spendieren – ein Nein wollte er nicht akzeptieren. Als sie einwilligte, rutschte er von seinem Stuhl mit einer Speisekarte in der Hand und ging zu dem Fremden hin.

„Ohne die können Sie nicht bestellen“, sagte er.

Bald traf der Hamburger mit extra Schinken ein, aber als der hungrige Mann den ersten Bissen nehmen wollte, bremste Josia ihn. Sie mussten doch zuerst Gott für das Essen danken!

Als der Mann seinen Kopf neigte, rannen ihm Tränen über die Wangen. Die anderen Gäste verharrten schweigend, als Josias helle, klare Stimme das Restaurant füllte. Zur international bekannten Melodie von „Bruder Jakob" sang er das Tischlied: „God our Father, God our Father, we thank you, we thank you, for our many blessings, for our many blessings, Amen, Amen."[4]

Ein treffendes Bild von tatkräftiger Liebe hat der kleine Josia in jenem heiligen Moment den Zeugen dieser Szene vor Augen geführt.

Bei einer anderen Mahlzeit vor knapp zweitausend Jahren entfaltet sich ein anderes Bild von tatkräftiger Liebe. Als Jesus beim letzten Abendmahl mit seinen Jüngern das Brot brach und den Kelch weiterreichte, sagte er: „Tut das, um euch an mich zu erinnern!" (Lukas 22,19; NG).

Das gebrochene Brot sollte von diesem Tag an seinen zerschlagenen Leib symbolisieren, der die Strafe für unsere Sünden getragen hat. Und der Wein sollte uns daran erinnern, dass sein Blut für unsere Sünden geflossen ist.

Jesus dankte dem Vater für Brot und Wein, bevor er sie mit seinen engsten Anhängern teilte. Jesus sprach diesen Dank aus, obwohl sich der Sturm des Leidens bereits zusammenzog. Im Bewusstsein, dass sein Tod am Kreuz die von der Sünde verursachte tiefe Kluft zwischen Gott und der Menschheit überbrücken würde, und im Bewusstsein, dass das Kreuz seine Jünger befähigen würde, seine Freunde zu werden, befahl ihnen Jesus: „Tut das, und behaltet mich im Gedächtnis!"

Wie Josias neuer Freund im Schnellrestaurant sind wir niedergeschlagen – wir sind die Hungrigen, die Abgerissenen, die Einsamen – so lange, bis wir Brot und Wein empfangen. Wir halten inne im Gedenken an den Einen, der sein Leben opferte, damit wir, die Obdachlosen, seine Freunde werden konnten.

Was für eine unfassbare Liebe.

Jesus macht mit seiner tatkräftigen Liebe Zerbrochenes heil – und zerbrochen sind wir alle durch die Sünde.

Die tägliche Ration Bibel

Ich nenne euch nicht mehr Diener; denn ein Diener weiß nicht, was sein Herr tut. Vielmehr nenne ich euch Freunde; denn ich habe euch alles gesagt, was ich von meinem Vater gehört habe.

Johannes 15,15 (GN)

Wegen unserer Schuld wurde er gequält und wegen unseres Ungehorsams geschlagen. Die Strafe für unsere Schuld traf ihn und wir sind gerettet. Er wurde verwundet und wir sind heil geworden.

Jesaja 53,5 (GN)

Jesus sagte: „Vater, vergib ihnen! Sie wissen nicht, was sie tun."

Lukas 23,34 (GN)

Kommt doch, wir wollen miteinander rechten, spricht der HERR. Sind eure Sünden wie Scharlach, weiß wie Schnee werden sie. Sind sie rot wie Purpur, wie Wolle werden sie.

Jesaja 1,18 (EÜ)

[Jesus nahm das Brot,] dankte Gott dafür, brach es in Stücke und gab es den Jüngern mit den Worten: „Das ist mein Leib, der für euch hingegeben wird. Tut das, um euch an mich zu erinnern!“ Ebenso nahm er, nachdem sie gegessen hatten, einen Becher mit Wein und gab ihn den Jüngern mit den Worten: „Dieser Becher ist der neue Bund, besiegelt mit meinem Blut, das für euch vergossen wird.“

Lukas 22,19f (NG)

Den Frieden Christi weitergeben

Seit unser Sohn Christian das Haus verlassen und sein Collegestudium begonnen hat, werde ich immer mal wieder nostalgisch und denke zurück an einige meiner liebsten Eindrücke aus den Jahren, als er noch klein war. Eine dieser Begebenheiten hatte mit vier Truthähnen und zehn Sonnenbrillen zu tun.

Christian ist im Dezember geboren, und in jenem Jahr stand sein fünfter Geburtstag bevor. Barry und er begleiteten mich auf einer Tour mit einem weihnachtlichen Kindermusical.

Christian liebte den Tourbus. Oft kletterte er in seine Schlafkabine, steckte seinen bevorzugten Film in den DVD-Player und ließ sich in den Schlaf schaukeln, während wir der nächsten Stadt entgegenrollten.

Wir hatten einen Auftritt am Mittwoch, dem 21. November, und einen weiteren am Freitag, dem 23. November, aber an Thanksgiving[5] hatten wir frei. Ich hatte die anderen Akteure des Musicals gefragt, wie sie Thanksgiving begehen würden, und mir war klar geworden, dass es keiner von ihnen schaffen würde, zum Feiern nach Hause zu fahren und rechtzeitig zum Auftritt am Freitag zurück zu sein. So entwickelte ich einen Plan.

Unser Haus war nicht so weit weg, wir konnten uns von Nachbarn einige Schlafsäcke leihen, und der Busfahrer machte auch mit. So steuerten wir nach der Mittwochsvorstellung alle zusammen zu uns. Eine meiner besten Freundinnen ging für mich einkaufen und tauschte meinen mickrigen Truthahn gegen vier echte Schönheiten. Wir kamen in jener Nacht erst spät an, und alle suchten sich eine Ecke zum Schlafen. Nur ich begann zu kochen. Es sollte schließlich ein denkwürdiges Erntedankfest für alle werden.

Als am nächsten Tag alles fürs Fest vorbereitet war, nahmen wir unsere Plätze im Wintergarten ein, den wir provisorisch zum Esszimmer umgebaut hatten. Das einzige Problem: Wer mit Blick zur Fensterfront hin saß, wurde von der herbstlichen Sonne geblendet. Christian sagte: „Ich hab da was, Mom!" Er rannte in sein Zimmer und kam zurück mit zehn albernen Sonnenbrillen, die wir für seine Geburtstagsparty besorgt hatten.

Das war ein Anblick: zwanzig Leute um vier gefüllte Vögel herum, zehn davon mit Sonnenbrillen! Aber am kostbarsten ist mir die Erinnerung an das, was wir einander mitgeteilt haben. Einer nach dem anderen haben wir Gott gedankt für die Segnungen des Jahres und für die Freunde, die wir als Geschenk empfanden. Alle trugen sich beim Abschied in ein Gästebuch ein, und später wollte Christian wissen, was sie geschrieben hatten. Jeder hatte einen Bibelvers hinterlassen, der ihm wichtig geworden war und geholfen hatte. Für viele war ihr Vers zum Lebensmotto geworden, ein Stern, nach dem ihr Schiff navigieren konnte. Christian holte seine Bibel herunter, und wir markierten darin jeden einzelnen dieser Verse. Wir sind an jenem Thanksgiving-Tag überreich beschenkt worden.

Wenn wir unsere Herzen und Häuser öffnen,
breiten wir den Frieden Christi aus.

Vergesst nicht, Gastfreundschaft zu üben, denn auf diese Weise haben einige, ohne es zu wissen, Engel bei sich aufgenommen.

Hebräer 13,2 (GN)

„Ich war hungrig, und ihr habt mir zu essen gegeben. Ich war durstig, und ihr gabt mir zu trinken. Ich war ein Fremder, und ihr habt mich in euer Haus eingeladen. Ich war nackt, und ihr habt mich gekleidet. Ich war krank, und ihr habt mich gepflegt. Ich war im Gefängnis, und ihr habt mich besucht." Dann werden diese Gerechten fragen: „Herr, wann haben wir dich jemals hungrig gesehen und dir zu essen gegeben? Wann sahen wir dich durstig und haben dir zu trinken gegeben? Wann warst du ein Fremder und wir haben dir Gastfreundschaft erwiesen? Oder wann warst du nackt und wir haben dich gekleidet? Wann haben wir dich je krank oder im Gefängnis gesehen und haben dich besucht?" Und der König wird ihnen entgegnen: „Ich versichere euch: Was ihr für einen der Geringsten meiner Brüder und Schwestern getan habt, das habt ihr für mich getan!"

Matthäus 25,35-40 (NL)

Die Liebe hört niemals auf.

1. Korinther 13,8 (EÜ)

Jesus antwortete: „‚Du sollst den Herrn, deinen Gott, lieben von ganzem Herzen, mit ganzer Hingabe und mit deinem ganzen Verstand!‘ Dies ist das größte und wichtigste Gebot. Ein zweites ist ebenso wichtig: ‚Liebe deine Mitmenschen wie dich selbst!‘“

Matthäus 22,37-39 (NG)

Der Boden der Tatsachen

Eine meiner Freundinnen traf eines Tages ihren halbwüchsigen Sohn vor dem Fernseher an – er konsumierte gerade eine ziemlich gewalttätige Folge Reality-TV.

Sie fragte ihn: „Was glaubst du, warum schauen wir uns Geschichten wie diese an?"

„Keine Ahnung", meinte er. „Vielleicht, weil sie lustig sind?"

„Ich glaube kaum, dass wir sie deshalb mögen", sagte sie und beließ es erst einmal dabei.

Später sprach er sie darauf an. „Was denkst du denn, was der Grund ist, Mom? Warum schauen wir deiner Ansicht nach Reality-Shows an?"

„Nun, meine Vermutung ist: Wenn wir sehen, wie jemand sich schrecklich benimmt, empfinden wir unser eigenes Verhalten als besser. Du weißt schon, nach dem Motto ‚Wenigstens bin *ich* nicht so'."

Ich habe schon oft gehört, dass der Boden der Tatsachen am Fuß des Kreuzes ist: Jeder Mensch ist sündig, braucht Vergebung und Erlösung. Und keiner von uns Sündern ist besser als einer von den anderen Sündern. Diese Behauptung ist so wahr wie unbequem. Wir halten sie uns nur ungern vor Augen.

Anstatt dass wir uns mit unserer eigenen Sünde auseinandersetzen, finden wir es viel einfacher – und beruhigender –, auf die Menschen neben uns zu schielen und uns vorzustellen, dass es zwischen uns und ihnen ein Gefälle gibt. Dass wir zumindest etwas höher stehen. Es ist zu verlockend, die Fehltritte des Nachbarn aufzupusten, sodass sie – zumindest in unserer Wahrnehmung – viel schlimmer erscheinen als unsere eigenen!

Aber was hat Jesus über die Sünde gesagt? „Ihr wisst, dass zu den Vorfahren gesagt worden ist: ‚Du sollst keinen Mord begehen! Wer einen Mord begeht, soll vor Gericht gestellt werden.' Ich aber sage euch: Jeder, der auf seinen Bruder zornig ist, gehört vor Gericht" (Matthäus 5,21f; NG).

Ja, Sie haben richtig gelesen. Jesus hat Zorn auf den Nachbarn gleichgesetzt mit Mord! Und das deshalb, weil Jesus weiß, dass Rechtschaffenheit nichts mit der Erfüllung von Regeln zu tun hat. Rechtschaffenheit ist, genau wie Sündhaftigkeit, eine Sache des Herzens.

Und nun die gute Nachricht: Jesus hat den Preis für unsere Sünden bezahlt – und für die Sünden aller Menschen aller Zeiten. Denn wir alle haben gesündigt.

Wie ist Ihre Einstellung zu Ihren Mit-Sündern? Sehen Sie in ihnen Menschen, deren schlechte Entscheidungen Ihnen ein gewisses Überlegenheitsgefühl verschaffen? Oder sehen Sie jemanden, den Gott von Herzen liebt und der Gottes Gnade genauso dringend nötig hat wie Sie selbst? Sie sollten und Sie können selbst in Ihrer Einstellung und in Ihren Gedanken die Gnade, die Sie empfangen haben, auf andere ausdehnen. Denn der Boden der Tatsachen ist wirklich vor dem Kreuz Jesu Christi.

Wie können wir vor dem Kreuz Jesu knien
und gleichzeitig mit Fingern auf andere zeigen?

Die tägliche Ration Bibel

Wir alle sind von Unrecht befleckt; selbst unsere allerbesten Taten sind unrein wie ein schmutziges Kleid.

Jesaja 64,6 (GN)

Soweit es euch möglich ist, haltet mit allen Menschen Frieden!

Römer 12,18 (EÜ)

Gott spricht jeden von seiner Schuld frei und nimmt jeden an, der an Jesus Christus glaubt. Nur diese Gerechtigkeit lässt Gott gelten. Denn darin sind die Menschen gleich: Alle sind schuldig geworden und spiegeln nicht mehr die Herrlichkeit wider, die Gott dem Menschen ursprünglich verliehen hatte.

Römer 3,22f (HfA)

Ich gebe euch ein neues Gebot: Liebt einander! Ihr sollt einander lieben, wie ich euch geliebt habe.

Johannes 13,34 (NG)

Weil Gott so gnädig ist, hat er euch durch den Glauben gerettet. Und das ist nicht euer eigenes Verdienst; es ist ein Geschenk Gottes. Ihr werdet also nicht aufgrund eurer guten Taten gerettet, damit sich niemand etwas darauf einbilden kann.

Epheser 2,8f (NL)

Vollkommener Friede

Im Leben des armen Nicolas Herman lief nicht immer alles nach Wunsch. Auch nachdem er sein Leben Jesus Christus übergeben hatte und Mönch geworden war, fand er sich am unteren Ende einer klösterlichen Gemeinschaft wieder. (Diese Pille war wohl nur schwer zu schlucken. Da entschließt man sich zu einem Leben im Dienst Gottes und tritt in ein Kloster ein, nur um innerhalb der klösterlichen Hierarchie als Fußabtreter zu dienen!) Er hatte nur einfache Arbeiten in der Küche zu verrichten, aber es heißt, er habe sich selbst dabei so ungeschickt angestellt, dass ständig etwas zu Bruch ging. Dadurch zog er den Spott seiner Mitbrüder auf sich.

Das Klosterleben war ohnehin schon nicht einfach, aber dazu kam auch noch diese erniedrigende Aufgabe, persönliches Versagen und ein Außenseiterdasein innerhalb der Gemeinschaft. Man könnte versucht sein, Nicolas zu bemitleiden – aber damit läge man total falsch!

Nicolas Herman – der bei seinem Eintritt ins Kloster den Namen Bruder Lorenz annahm – führte ein ausgesprochen zufriedenes, friedevolles Dasein. Tatsächlich strahlte er eine solche Freude und Zufriedenheit aus, dass ihn die Menschen nach dem Grund seines Friedens fragten.

Bruder Lorenz sagte ihnen, die Ursache sei einfach strenge Disziplin. Er erzählte ihnen, dass er sich jeden Augenblick „im Erleben der Gegenwart Gottes“ übe und dass er seinem Herzen niemals erlaube, sich vom Herzen seines geliebten Heilandes zu entfernen. Bruder Lorenz zufolge muss „man seine Seele durch eine Hochachtung Gottes stärken und nähren."[6] Selbst wenn er Kartoffeln zu schälen hatte, tat er das zur Ehre Gottes.

In der Bibel gibt es eine ganze Reihe guter Belege dafür, dass Bruder Lorenz auf der richtigen Spur war. Zum Beispiel in Jesaja 26,3: „Wer festen Herzens ist, dem bewahrst du Frieden; denn er verlässt sich auf dich."

Die Botschaft Jesajas war an Menschen in großer Not gerichtet. Die Bewohner des Nordreiches Israel waren von den Assyrern ins Exil verschleppt worden und würden nicht mehr zurückkehren. Den Bewohnern des südlichen Königreiches Juda drohte ein ähnlich schlimmes Schicksal. Aber die ernsten Warnungen und Gerichtsandrohungen im Buch des Propheten Jesaja sind von Gott durchwirkt mit dem leuchtenden Faden seines versöhnenden Friedensangebotes.

Vielleicht geht es Ihnen wie Bruder Lorenz; vielleicht scheint auch in Ihrem Leben nichts nach Wunsch zu laufen. Oder vielleicht hat man Ihnen wie seinerzeit Israel prophezeit, dass ein gewundener, steiniger und finsterer Weg vor Ihnen liegt.

Halten Sie Ihr Herz und Ihren Sinn auf Jesus gerichtet. Wie Bruder Lorenz können Sie sich darin üben, alle Ihre Gedanken auf Jesus Christus zu konzentrieren.

> Wenn wir unseren Blick fest auf Jesus richten, erfüllt er unsere Herzen mit Frieden.

Die tägliche Ration Bibel

Ein Tag im Vorhof deines Tempels zählt mehr als sonst tausend. Lieber an der Tür deines Hauses stehen als bei Menschen wohnen, die dich missachten!

Psalm 84,11 (GN)

Wer unter dem Schutz des Höchsten wohnt, der kann bei ihm, dem Allmächtigen, Ruhe finden. Auch ich sage zu Gott, dem Herrn: „Bei dir finde ich Zuflucht, du schützt mich wie eine Burg! Mein Gott, dir vertraue ich!"

Psalm 91,1f (HfA)

Lasst uns durchhalten in dem Wettlauf, zu dem wir angetreten sind, und alles ablegen, was uns dabei hindert, vor allem die Sünde, die uns so leicht umgarnt! Wir wollen den Blick auf Jesus richten, der uns auf dem Weg vertrauenden Glaubens vorangegangen ist und uns auch ans Ziel bringt. Er hat das Kreuz auf sich genommen und die Schande des Todes für nichts gehalten, weil eine so große Freude auf ihn wartete. Jetzt hat er den Platz an der rechten Seite Gottes eingenommen.

Hebräer 12,1f (GN)

Trachtet nach dem, was droben ist, nicht nach dem, was auf Erden ist.

Kolosser 3,2 (L)

Großen Frieden haben, die dein Gesetz lieben, und nichts bringt sie zu Fall.

Psalm 119,165 (S)

Was ist Vergebungs-bereitschaft?

Dieses Gespräch war nicht für meine Ohren bestimmt gewesen.

Ich brauchte noch einen Kaffee und hatte zwei meiner Kolleginnen gefragt, ob ich ihre Tassen auch nachfüllen sollte. Sie hatten Ja gesagt. Auf halbem Weg zum Pausenraum fiel mir ein, dass ich sie gar nicht gefragt hatte, ob sie Zucker oder Milch zum Kaffee wollten. Also ging ich noch einmal zurück und hörte gerade noch: „Ich habe sie noch nie gemocht. Sie ist eine kleine Miss Perfect."

Ihre Gesprächspartnerin lachte und raunte: „Sprich leiser! Sie wird jeden Augenblick zurückkommen!"

„Du weißt, dass sie gestern Abend einen Fehlbetrag in ihrer Tagesabrechnung hatte?", fragte die Erste. „Daran habe ich gedreht. Ich werde dafür sorgen, dass sie gefeuert wird."

Ich hielt einen Moment inne, mein Gesicht war rot vor Erregung und mein Herz eine Etage tiefer gerutscht. Ich war achtzehn Jahre alt, arbeitete den Sommer über in einem Warenhaus und wusste nicht, wie ich reagieren sollte. *Soll ich sie zur Rede stellen? Soll ich ihr Verhalten melden? Soll ich kündigen?*

Ich entschied mich für Variante 1 – aber nicht, bevor ich ihr vergeben hatte. Erst das verlieh mir den Mut, sie mit der Wahrheit zu konfrontieren.

Was Vergebungsbereitschaft bedeutet und was *nicht*, darüber kann man leicht in Verwirrung geraten.

Vergebungsbereitschaft bedeutet nicht, dass man sich zum Fußabtreter macht und alle Schranken niederreißt, sodass andere über einen hinwegtrampeln können.

Vergebungsbereitschaft bedeutet auch nicht, dass wir die Beziehung mit jemandem, der uns verletzt hat, aufrechterhalten müssen. Als Jesus seine Jünger zum Missionseinsatz aussandte, empfahl er ihnen für den Fall, dass jemand sie nicht willkommen heißen oder anhören würde, den Staub von ihren Füßen abzuschütteln und wegzugehen (Matthäus 10,14).

Was also bedeutet Vergebungsbereitschaft?

Als Christen sind wir aufgerufen, in unserem täglichen Leben vergebungsbereit zu sein. Im Vaterunser hat Jesus unsere Bereitschaft, anderen zu vergeben, eindeutig verknüpft mit der Vergebung, die Gott uns gewährt (Lukas 11,4).

Vergebungsbereitschaft bedeutet auch, dass wir Gott die Verletzungen anvertrauen, die wir erlitten haben. In Römer 12,19 (NL) heißt es: „Liebe Freunde, rächt euch niemals selbst, sondern überlasst die Rache dem Zorn Gottes. Denn es steht geschrieben: ‚Ich allein will Rache nehmen; ich will das Unrecht vergelten, spricht der Herr!'"

Wahre Freiheit und Frieden stellen sich ein, wenn wir uns klarmachen, dass wir vielleicht nicht der Person vertrauen können, die uns verletzt hat, aber wir können uns mit dem erlittenen Schmerz unserem guten und liebenden Gott anvertrauen. Wir können auch den Menschen, der uns verletzt hat, Gott und seinem Handeln überlassen. *Das* bedeutet Vergebungsbereitschaft.

Vergebungsbereitschaft ist Gottes Geschenk an uns.
Sie ermöglicht uns das Überleben in einer unfairen Welt.

Ich bin der Herr, der das Recht liebt und Raub und Unrecht hasst; ich will ihnen den Lohn in Treue geben und einen ewigen Bund mit ihnen schließen.

Jesaja 61,8 (L)

Wenn ihr den andern vergebt, was sie euch angetan haben, dann wird euer Vater im Himmel euch auch vergeben. Wenn ihr aber den andern nicht vergebt, dann wird euer Vater euch eure Verfehlungen auch nicht vergeben.

Matthäus 6,14f (GN)

Glücklich zu preisen sind die, die Frieden stiften; denn sie werden Söhne Gottes genannt werden. Glücklich zu preisen sind die, die um der Gerechtigkeit willen verfolgt werden; denn ihnen gehört das Himmelreich. Glücklich zu preisen seid ihr, wenn man euch um meinetwillen beschimpft und verfolgt und euch zu Unrecht die schlimmsten Dinge nachsagt. Freut euch und jubelt! Denn im Himmel wartet eine große Belohnung auf euch. Genauso hat man ja vor euch schon die Propheten verfolgt.

Matthäus 5,9-12 (NG)

Seid freundlich und geduldig! Geht in Liebe aufeinander ein! Setzt alles daran, dass die Einheit, wie sie der Geist Gottes schenkt, bestehen bleibt. Sein Friede verbindet euch miteinander.

Epheser 4,2f (HfA)

Der Herr ist der Geist; wo aber der Geist des Herrn ist, da ist Freiheit.

2. Korinther 3,17 (L)

Im freien Fall sanft gewiegt

„Solange ich lebe, werde ich dieses Leid niemals für normal halten“, hatte sich Kayla Jean Mueller geschworen. Die stille junge Frau packte ihre Taschen und tat das, was sie zuvor schon in Indien, Israel und den Palästinensergebieten getan hatte. Sie hatte sich kundig gemacht, wo Flüchtlinge vor Terror und Leid Zuflucht suchten, insbesondere, wo hungernde und kranke Kinder waren, und dann reiste sie dorthin, um zu helfen.

Diesmal war Syrien das Ziel. Dort kümmerte sie sich um die Leidenden – bis zu jenem Tag, an dem die Finsternis über sie selbst hereinbrach.

Das Leiden der Kayla Jean begann damit, dass maskierte Bewaffnete sie gefangen nahmen. Ihr Leiden endete mit ihrem tragischen Tod. Es kann sein, dass Sie von ihrem Schicksal in den Nachrichten gehört haben, aber wovon dort nicht berichtet wurde, das war ihre leidenschaftliche Beziehung zu Jesus Christus.

Kurz nach ihrem Tod veröffentlichten die Eltern von Kayla Jean Mueller einen Brief, den sie ihnen während ihrer Gefangenschaft beim IS geschrieben hatte. Was sie schrieb, sollte offensichtlich ihre Familie trösten, aber zugleich ist es ein beeindruckendes Zeugnis ihres christlichen Glaubens. Folgendermaßen lehrt uns Kayla Jean, wie man auch unter den schlimmsten Umständen inneren Frieden erleben kann: „Ich habe mich selbst unserem Schöpfer ausgeliefert, weil es buchstäblich nichts anderes gab … Durch Gott und durch eure Gebete habe ich mich im freien Fall sanft gewiegt gefühlt."[7]

Sich selbst ausliefern? Wie sehr wünschen wir uns, dass es einen anderen Weg gäbe, stimmt's? Wir sind Adams Söhne und Evas Töchter, und der Gedanke an das Sich-selbst-Ausliefern schmeckt uns ganz und gar nicht. Für uns als „Kinder des Sündenfalls" klingt sich auszuliefern nach Tod – aber das stimmt nicht. Tatsächlich ist das Sich-Ausliefern der Eingang zum Leben!

Ich frage mich, wie oft wohl Jesus, wenn er meinen Widerstand gegen das Sich-Ausliefern sieht, ähnlich klagt wie seinerzeit über Jerusalem: „O Jerusalem! […] Wie oft wollte ich deine Kinder zusammenrufen, wie eine Henne, die ihre Küken unter ihren Flügeln birgt, doch ihr habt es nicht zugelassen" (Matthäus 23,37; NL).

Beachten Sie den zärtlichen Ton in dieser Vorstellung. Jesus will uns an sein Herz drücken, will uns sicher unter seinen Flügeln bergen, so, wie es eine Henne mit ihren Küken tut. Gottes Gefühle für Sie sind liebevoll, gutherzig und freundlich. Sperren Sie sich keinen Tag länger dagegen. Liefern Sie sich ihm aus und lassen Sie zu, dass er Sie zu sich zieht. Er will uns im freien Fall sanft wiegen, so wie er es mit Kayla Jean getan hat.

Wenn Sie sich im freien Fall befinden,
denken Sie daran: Sie werden gehalten.

Spräche ich: „Finsternis möge mich decken und Nacht statt Licht um mich sein", so wäre auch Finsternis nicht finster bei dir, und die Nacht leuchtete wie der Tag.

Psalm 139,11f (L)

Wohin könnte ich schon gehen, um deinem Geist zu entkommen, wohin fliehen, um deinem Blick zu entgehen? Wenn ich zum Himmel emporstiege – so wärst du dort! Und würde ich im Totenreich mein Lager aufschlagen – dort wärst du auch! Hätte ich Flügel und könnte mich wie die Morgenröte niederlassen am äußersten Ende des Meeres, so würde auch dort deine Hand mich leiten, ja, deine rechte Hand würde mich halten!

Psalm 139,7-10 (NG)

„Ich sage dir: ‚Sei stark und mutig! Hab keine Angst und verzweifle nicht. Denn ich, der Herr, dein Gott, bin bei dir, wohin du auch gehst.'"

Josua 1,9 (NL)

„Du stehst in meinem Dienst! Ich habe dich erwählt und ich habe dich auch jetzt nicht verstoßen. Fürchte dich nicht, ich stehe dir bei! Hab keine Angst, ich bin dein Gott! Ich mache dich stark, ich helfe dir, ich schütze dich mit meiner siegreichen Hand!"

Jesaja 41,9f (GN)

Ich bin das Licht der Welt. Wer mir nachfolgt, wird nicht in der Finsternis wandeln, sondern er wird das Licht des Lebens haben.

Johannes 8,12 (S)

Test bestanden

Mit ihrem Ruf versuchte die verzweifelte Frau Jesus auf sich aufmerksam zu machen: „Herr, du Sohn Davids, hab Erbarmen mit mir! Meine Tochter wird von einem bösen Geist sehr geplagt“ (Matthäus 15,22; GN).

Diese kanaanitische Frau, die Jesus da um Hilfe angefleht hat, war vom traditionellen jüdischen Standpunkt aus keines Blickes wert, aber Jesus sah ihren bemerkenswerten Glauben. Und er beschloss, sie einem schwierigen Test zu unterziehen. Er würde zunächst einmal ihre Bitte um Hilfe für ihre Tochter zurückweisen. War ihr Glaube so stark, dass sie den Test bestehen würde?

Der Schrei der Mutter um Erbarmen hallte noch nach, aber Jesus ignorierte sie. Also fiel sie vor ihm auf die Knie und bettelte: „Herr, hilf mir doch!“ (V. 25)

Jesus gab ihr eine harsche Antwort: „Es ist nicht recht, den Kindern das Essen wegzunehmen und es stattdessen den Hunden vorzuwerfen“ (V. 26).

Die Menge holte vermutlich tief Luft, aber der Glaube der Frau hielt stand: „Du hast recht, Herr, aber selbst Hunde dürfen die Krümel fressen, die vom Tisch ihres Herrn fallen“ (V. 27) – Test bestanden!

Jesus lobte sie ausdrücklich dafür, zugleich sagte er ihr aber auch die Worte, die sie so sehnlich hören wollte: „Frau, dein Glaube ist groß. Deine Bitte soll erfüllt werden“ (V. 28).

Sie bekam schließlich, wonach sie verlangt hatte. Zweifellos hatte sie sich bis dahin harte Fragen gestellt – Fragen, die vielleicht auch Ihnen bekannt sind: *Was macht Gott eigentlich? Warum hat er uns nicht befreit, nicht für uns gesorgt, uns nicht geheilt? Warum ist er so herzlos, so kalt?*

Aber einen herzlosen, kalten Gott, einen teilnahmslosen, uninteressierten Gott gibt es schlichtweg nicht. Ein solcher Gott würde allem widersprechen, was uns in der Bibel über unseren Schöpfer und Erlöser berichtet wird. Unser Gott hört die Bitten der Hilflosen (Psalm 10,17) und hat ein Ohr für die Hilferufe der Bedrängten (Psalm 34,18).

Vertrauen Sie dem guten Herzen Gottes, auch wenn Sie nicht sehen können, was seine Hände tun.

Die tägliche Ration Bibel

Bisher habt ihr Jesus nicht mit eigenen Augen gesehen, und trotzdem liebt ihr ihn; ihr vertraut ihm, auch wenn ihr ihn vorläufig noch nicht sehen könnt. Daher erfüllt euch schon jetzt eine überwältigende, jubelnde Freude, eine Freude, die die künftige Herrlichkeit widerspiegelt; denn ihr wisst, dass ihr das Ziel eures Glaubens erreichen werdet – eure endgültige Rettung.

1. Petrus 1,8f (NG)

Seid wachsam und steht fest im Glauben! Seid entschlossen und stark! Bei allem, was ihr tut, lasst euch von der Liebe leiten.

1. Korinther 16,13f (HfA)

Was ist denn der Glaube? Er ist ein Rechnen mit der Erfüllung dessen, worauf man hofft, ein Überzeugtsein von der Wirklichkeit unsichtbarer Dinge.

Hebräer 11,1 (NG)

Jesus spricht zu ihm: „Thomas, du glaubst, weil du mich gesehen hast; glückselig sind, die nicht sehen und doch glauben!"

Johannes 20,29 (S)

Unsere leiblichen Väter haben uns eine Zeit lang erzogen, so gut sie es konnten. Aber Gottes Erziehung ist immer richtig und gut für uns, weil sie bedeutet, dass wir Anteil an seiner Heiligkeit erhalten. Keine Strafe ist angenehm, und während wir sie erleiden, ist sie immer schmerzlich! Doch danach werden diejenigen, die auf diese Weise geformt werden, inneren Frieden und ein Leben in der Gerechtigkeit gewinnen.

Hebräer 12,10f (NL)

Sich Gottes Treue bewusst machen

Als mein Sohn Christian zehn Jahre alt war, gab er mir eine Verheißungsschachtel. Die hatte er selbst gebastelt, und es war eines der schönsten Geschenke, das er mir je gemacht hatte. Die Kanten waren etwas rau, und ein paar der verspiegelten Plättchen, mit denen er die Schachtel beklebt hatte, sind inzwischen abgefallen, aber ich halte sie immer noch in Ehren.

Als Christian mir die Schachtel schenkte, sagte er: „Mom, darin kannst du all die Verheißungen aufbewahren, die Gott dir gibt."

Ich hob den Deckel an und spähte hinein. Im unteren Drittel war eine kleine Klappe, die ich öffnete. Dahinter hatte er ein lila schimmerndes Herz aus Glas verborgen.

„Das soll dich daran erinnern, dass Gott dich lieb hat – und ich auch", sagte er mit einem breiten Grinsen.

Die Schachtel hat ihren Platz in meinem Büro. Ich öffne sie oft, nehme das Glasherz heraus und halte es für einen Moment. An manchen Tagen muss ich mir einfach Gottes Treue und Liebe bewusst machen. Ihnen wird es ähnlich gehen.

Und wenn Sie das tun, dann werden Sie vermutlich an bedeutende Wegmarken auf Ihrem Glaubensweg zurückdenken, an Gelegenheiten, bei denen Gott Sie von etwas befreit oder Ihnen deutlich ein Wort des Trostes zugesprochen hat.

Die Israeliten hatten ebenfalls entdeckt, wie wertvoll ein derartiges gedankliches Pilgern entlang solcher Marksteine an ihrem Glaubensweg sein konnte. Bei ihren alltäglichen Verrichtungen erzählten sie ihren Kindern die Geschichten von Gottes befreiendem Handeln. Sie rühmten seine Heilstaten in Liedern und Gedichten und erinnerten sich bei ihren Festen mit Schauspielen daran.

Ein solches gemeinschaftliches Erinnern an Gottes Treue hat die Bühne bereitet für einen kleinen Vorfall in der Kindheit Jesu. Bestimmt kennen Sie die Geschichte: Jesus bleibt im überfüllten Jerusalem zurück, während die Gruppe, mit der er angereist war, schon wieder auf dem Weg zurück nach Nazareth ist. Dabei war bereits die Pilgerfahrt nach Jerusalem, die Reise an und für sich, ein Akt des Erinnerns.

Die beliebte hügelige Route, der die Pilger folgten, streifte viele Plätze, die für ihren Glauben bedeutungsvoll waren: Sichem, wo Gott einen Bund mit Abraham geschlossen hatte (1. Mose 12). Den Berg Ebal, wo Josua das Volk Israel auf Gottes Gebote eingeschworen hatte (Josua 8). Bethel, wo Jakob von Gott gesegnet worden war (1. Mose 35). Entlang des Weges machten die Eltern ihre Kinder auf diese Plätze aufmerksam und erzählten ihnen von Gottes großer Treue. Diese Menschen wussten, wie wichtig der dankbare Blick zurück ist.

Zurückschauen ist auch für uns wichtig. Wenn Sie heute scheinbar unüberwindliche Schwierigkeiten vor sich sehen, nehmen Sie sich einen Moment Zeit für den Blick zurück. Erinnern Sie sich an Gelegenheiten, bei denen Gott das Unmögliche für Sie möglich machte. Indem Sie Gott für sein befreiendes Handeln in der Vergangenheit danken, finden Sie neuen Mut für die gegenwärtigen Herausforderungen.

Wer dankbar zurückblickt,
kann vertrauensvoll nach vorne schauen.

Die tägliche Ration Bibel

Denke daran, dass du selbst in Ägypten ein Sklave warst und der Herr, dein Gott, dich mit starker Hand und ausgestrecktem Arm von dort in die Freiheit geführt hat.

5. Mose 5,15 (GN)

Hüte dich und bewahre deine Seele wohl, dass du die Geschehnisse nicht vergisst, die deine Augen gesehen haben, und dass sie nicht aus deinem Herzen weichen alle Tage deines Lebens; sondern du sollst sie deinen Kindern und Kindeskindern verkünden!

5. Mose 4,9 (S)

Präge deinen Kindern [Gottes Gebote] ein und rede davon, ob du in deinem Haus bist oder unterwegs, ob du dich hinlegst oder aufstehst.

5. Mose 6,7 (NeÜ)

Stellt euch an die Straßen und schaut euch um! Erkundigt euch, welchen Weg eure Vorfahren gegangen sind! Fragt nach dem richtigen Weg, und dann beschreitet ihn. So findet ihr Ruhe für euer Leben.

Jeremia 6,16 (HfA)

Ich denke an deine Taten, Herr, deine Wunder von damals mache ich mir bewusst.

Psalm 77,11 (GN)

Bereit für die nächste Aufgabe

Elizabeth war bereits als Sklavin geboren worden. Mit elf Jahren wurde sie ihrer Familie entrissen und auf eine weit entfernte Plantage verbracht. Von tiefem Schmerz gezeichnet, weinte sie unablässig und hörte sogar auf zu essen. Eines Nachts war ihr so elend zumute, dass sie sicher war, sie würde sterben. Sie wusste nicht, was Beten heißt, aber als sie in ihrer Verzweiflung zu Gott schrie, erschien ihr eine Gestalt in einem strahlend weißen Gewand. Und Gott berief die wohl unwahrscheinlichste Kandidatin aus jener Zeit vor dem amerikanischen Bürgerkrieg in seinen Dienst: ein junges Sklavenmädchen.

Elizabeth wurde eine große Evangelistin, die sowohl vor schwarzen als auch vor weißen Gemeinden die Übel der Sklaverei anprangerte. Bürokratisch betrachtet war sie denkbar ungeeignet für diese Aufgabe: Sie hatte keine Schulbildung genossen, sie war eine Frau in einer Männerwelt, und sie war schwarz – zu einer Zeit, als Farbige keine Stimme hatten. Natürlich schlug ihr Zweifel und Widerstand entgegen, wohin sie auch kam.

Aber sie wusste, an wen sie sich wenden musste, wenn sie Kraft für die Aufgabe benötigte, zu der Gott sie berufen hatte: Alles, was sie brauchte, erbat Elizabeth von ihm.[8]

Diese Haltung hätte auch dem ersten König Israels geholfen, noch bevor er gekrönt wurde. Als Saul von Gottes Absichten mit ihm erfuhr, wurde ihm klar, dass diese Berufung eine Nummer zu groß für ihn war. Feindliche Heere brandeten gegen die Grenzen, Israels Stämme gönnten sich wechselseitig nichts und intrigierten gegeneinander, und das Volk hegte unerfüllbar hohe Erwartungen an den ersten König der Nation. Folglich wurde Saul am Tag der Thronbesteigung zwar als König proklamiert und Fanfarenklänge ertönten – aber Saul selbst war verschwunden!

Also machte man sich auf die Suche nach dem König. Er wurde auch gefunden, aber erst, nachdem Gott ihnen einen Tipp gegeben hatte: „Er hat sich beim Gepäck versteckt" (1. Samuel 10,22; NeÜ).

Saul hatte sich mit der Arbeitsplatzbeschreibung befasst, hatte damit verglichen, was er konnte und wie er war, und war zum Ergebnis gekommen, dass er der Aufgabe nicht gewachsen war.

Was Saul nicht wusste: Wenn wir mit unserer eigenen Weisheit, mit unserer Kraft, mit unserem Mut am Ende sind, dann bleibt uns nur noch eins – wir müssen unser Ungenügen vor den Thron Gottes legen und Gott erlauben, dass er durch uns wirkt.

Wenn wir uns darauf einlassen, dann erfahren wir die innere Ruhe, die uns fähig macht, aus unserem Versteck zu kommen und Gottes Plan für unser Leben zu folgen.

Gott dienen heißt, von ihm Weisheit,
Mut und Stärke zu erbitten.

Die tägliche Ration Bibel

Vom Ende der Erde schreie ich zu dir, weil mir die Kräfte schwinden. Bring mich hinauf auf den sicheren Felsen; ich schaffe es nicht, er ist mir zu hoch!

Psalm 61,3 (GN)

Weißt du nicht? Hast du nicht gehört? Der Herr, der ewige Gott, der die Enden der Erde geschaffen hat, wird nicht müde noch matt, sein Verstand ist unausforschlich.

Jesaja 40,28 (L)

Der Herr ist meine Stärke und mein Schild; auf ihn hat mein Herz vertraut, und mir wurde geholfen. Darum frohlockt mein Herz, und ich will ihm danken mit meinem Lied.

Psalm 28,7 (S)

Dies alles habe ich euch gesagt, damit ihr durch mich Frieden habt. In der Welt werdet ihr hart bedrängt, aber lasst euch nicht entmutigen: Ich habe diese Welt besiegt.

Johannes 16,33 (HfA)

Wohlklingende Schritte

Es war ein Sonntag. Ich stand in der Kaffeeschlange hinter zwei jungen Frauen. Die eine legte ihre Bibel auf die Theke, kramte in ihrer Tasche nach Geld und sagte: „Ich schaue mir keine Nachrichten mehr an. Es ist zu deprimierend."

„Da hast du recht", sagte die andere. „Ich beschränke mich auch nur noch auf die Serie ‚The Office' – mehr brauche ich nicht."

Später saß ich eine Weile in meinem Wagen und dachte über die beiden jungen Frauen nach und über ihre Ansichten, die ja viele Menschen teilen. Das bekümmerte mich.

Ich überlegte: *Was glauben wir, wozu leben wir gerade an diesem Punkt der Menschheitsgeschichte?* Ich halte es nicht für Zufall, dass uns heute durch die Vielzahl der sozialen Netzwerke die Notleidenden so nahe kommen. Einige der heutigen Probleme hat es schon immer gegeben, seit es Menschen gibt. Aber erst jetzt erfahren wir davon.

Gott hat unsere Füße jetzt auf diese Erde gestellt, und er hat das getan in dem Bewusstsein, dass die Welt am Verbluten ist. Viele Menschen bitten um Erbarmen, viele andere schreien nach Rache, und die Schreie werden lauter. Was können Sie und ich daran ändern?

Im Buch des Propheten Jesaja steht: „Wie schön klingen die Schritte dessen auf den Bergen, der eine gute Botschaft von Freude und Frieden und Rettung bringt, der zu Zion sagt: ‚Dein Gott ist König!'" (Jesaja 52,7; NL). Wie werden Sie und ich auf diesen Vers reagieren? Was werden wir unternehmen, um die gute Botschaft in eine Welt zu tragen, die sie oft nur widerwillig annimmt?

Was wir anderen mitteilen, wirkt meiner Ansicht nach am ehesten dann, wenn wir mit dem beginnen, wovon wir persönlich überzeugt sind. Also mit den Wahrheiten, von denen wir unser Leben abhängig machen.

Wenn wir jeden Tag in der Gegenwart Gottes beginnen und die folgenden Stunden in der unbedingten Gewissheit verbringen, dass Gott die Kontrolle hat, egal, was passiert, dann strahlen wir einen Frieden aus, der nach einer Erklärung verlangt.

Menschen um uns herum leben in stummer Verzweiflung. Lassen Sie uns so leben, dass unsere Schritte ihnen den Weg zu Gott weisen.

> Unser Leben sollte ein Licht auf dem Weg zum Frieden mit Gott sein.

Die tägliche Ration Bibel

Vor der ganzen Gemeinde will ich erzählen, wie treu du deine Zusagen einlöst. Ich höre niemals auf, davon zu reden; du weißt es, Herr! Was du getan hast, behalte ich nicht für mich, ich bezeuge es allen, dass du treu bist und hilfst.

Psalm 40,10 (GN)

mehr Mut dazu

Der Herr spricht das entscheidende Wort und schon sind überall die Frauen unterwegs, um die Nachricht vom Sieg zu verkünden.

Psalm 68,12 (GN)

Die Frucht der Gerechtigkeit wird in Frieden denen gesät, die Frieden stiften.

Jakobus 3,18 (S)

Dass Jesus Christus am Kreuz für uns starb, muss all denen, die verloren gehen, unsinnig erscheinen. Wir aber, die gerettet werden, erfahren gerade durch diese Botschaft Gottes Macht.

1. Korinther 1,18 (NG)

Als ein Gefangener für den Herrn fordere ich euch auf, ein Leben zu führen, das eurer Berufung würdig ist.

Epheser 4,1 (NL)

Wenn wir es nötig haben

Während der römischen Schreckensherrschaft über die Juden Ende des 1. und zu Beginn des 2. Jahrhunderts nach Christus wurde der populäre Rabbi Akiba einmal gefragt, warum er auch weiterhin die Weisungen Gottes lehrte, obwohl ihm das Folter und sogar den Tod einbringen konnte. Er antwortete mit einem Gleichnis:

Einmal ging ein Fuchs an einem Flussufer spazieren und sah dabei Fische, die wie gehetzt auf und ab schwammen. Da fragte der Fuchs die Fische: „Wovor rennt ihr denn davon?"

Die Fische erzählten ihm, dass sie vor den Fangnetzen der Menschen flüchteten. Der Fuchs sagte: „Warum kommt ihr dann nicht aufs trockene Land? Hier seid ihr sicher und wir können zusammenleben."

Die Fische aber sprachen: „Fuchs, angeblich sollst du das klügste aller Tiere überhaupt sein, aber wir sehen, dass du nur ein Dummkopf bist. Leben gibt es für uns nur im Element des Wassers. Sobald wir an Land kommen, sind wir tot. In dem Element, welches uns Leben garantiert, leben wir mit der Angst. Wie viel Angst jedoch müssen wir erst in dem Element haben, welches unseren sicheren Tod garantiert?"

„Vergleichbar verhält es sich mit uns", erklärte Rabbia Akiba. „Jetzt sitzen wir hier, lernen Gottes Weisungen und haben Angst. Und doch wissen wir: Von Gottes Worten hängt ein erfülltes und langes Leben ab. Würden wir hingegen ein Leben ohne Gottes Weisungen führen, dann wären wir sofort tot. Zwar wären wir körperlich am Leben, aber was ist schon ein Körper ohne eine Seele."[9]

Wenn das Leben chaotisch und kompliziert wird, geraten wir leicht in Versuchung, auf unsere Zeit mit Gottes Wort zu verzichten, aber wie Rabbi Akiba es angedeutet hat: Gerade dann brauchen wir diese Zeit besonders!

Der 119. Psalm lehrt und feiert die Bedeutung von Gottes lebensspendendem Wort:

„Dein Wort ist meines Fußes Leuchte und ein Licht auf meinem Weg" (Psalm 119,105; S).

„Ich liege kraftlos hingestreckt im Staub; belebe mich, wie du versprochen hast!" (Psalm 119,25; GN)

„Meine Seele zerfließt vor Kummer. Richte mich auf durch dein Wort!" (Psalm 119,28; EÜ)

Wie steht es mit Ihnen? Wenn Sie entmutigt sind, wenn Ihre Seele vor Kummer zerfließt, können Sie darauf vertrauen, dass kein Trost, keine Ermutigung und keine Kraft der gleicht, die im Wort Gottes zu finden ist.

Rabbi Akiba hatte eindeutig recht. Wenn Gottes Wort für uns schon in friedlichen Zeiten wichtig ist, wie viel mehr brauchen wir es dann in unruhigen und gefährlichen Zeiten!

Gottes Wort ist zur Stelle, wenn wir es brauchen – und wir brauchen es jetzt!

Ich ergötze mich an deinen Gesetzen, dein Wort will ich nicht vergessen.

Psalm 119,16 (EÜ)

Gottes Wort ist lebendig und voller Kraft. Das schärfste beidseitig geschliffene Schwert ist nicht so scharf wie dieses Wort, das Seele und Geist und Mark und Bein durchdringt und sich als Richter unserer geheimsten Wünsche und Gedanken erweist.

Hebräer 4,12 (NG)

Wende meine Augen von nutzlosen Dingen ab, lass mich durch dein Wort leben.

Psalm 119,37 (NL)

Gott, der HERR, gibt mir die richtigen Worte, damit ich erschöpfte Menschen trösten und ihnen neuen Mut zusprechen kann. Morgen für Morgen weckt er in mir das Verlangen, von ihm zu lernen.

Jesaja 50,4 (HfA)

Das Gesetz des Herrn ist vollkommen, es gibt Kraft und Leben. Die Mahnungen des Herrn sind gut, sie verhelfen Unwissenden zur Einsicht. Die Weisungen des Herrn sind zuverlässig, sie erfreuen das Herz. Die Anordnungen des Herrn sind deutlich, sie geben einen klaren Blick. Die Ehrfurcht vor dem Herrn ist untadelig und hat für immer Bestand. Die Gebote des Herrn sind richtig und ohne Ausnahme gerecht. Sie sind kostbarer als das feinste Gold, süßer als der beste Honig. Auch ich höre auf deine Gebote, Herr, denn wer sie befolgt, wird reich belohnt.

Psalm 19,8-12 (GN)

Versöhnung stiftet Frieden

Die Morris-Brown-African-Methodist-Episcopal-(AME-)Kirche war brechend voll. Dabei gab es im Kirchsaal nur Stehplätze. Auch die Empore war voll besetzt. Die vielen, die keinen Platz mehr im Inneren des Gebäudes gefunden hatten, hatten sich im Kirchgarten versammelt, wo Freiwillige zur Erfrischung in der brütenden Sommerhitze kalte Getränke verteilten.

Die Menge, die sich aus Menschen jeder Hautfarbe zusammensetzte, war nicht zusammengekommen, um einen berühmten Evangelisten oder einen preisgekrönten Gospel-Star zu erleben. Die Menschen wollten trauern und beten.

Eine Tragödie hatte ihre Nachbargemeinde, die Emmanuel-AME-Kirche, getroffen. Ein junger Mann, der rassistischen Ideen anhing, hatte das historische Kirchengebäude betreten und neun der Gemeindeglieder getötet, die dort zum Gebet und zum Lob Gottes zusammengekommen waren.

Nun hatten sich Christen in der Morris-Brown-AME-Kirche eingefunden, um Gottes Nähe zu suchen. Schwarze und weiße Geschwister in Christus weinten miteinander. Sie hielten einander an den Händen und erhoben sie gemeinsam im Lobpreis. Sie knieten vereint vor dem Kreuz Jesu Christi und praktizierten damit, was im Epheserbrief Kapitel 2,13-14 (GN) steht: „Damals wart ihr fern von Gott, jetzt aber seid ihr ihm nahe durch die Verbindung mit Jesus Christus, durch das Blut, das er vergossen hat. Christus ist es, der uns allen den Frieden gebracht und uns zu einem einzigen Volk verbunden hat."

In diesem Brief hat der Apostel Paulus den ethnischen Konflikt seiner Zeit behandelt – die Spaltung zwischen jüdischen Christen und griechischen Christen. Seit Hunderten von Jahren hatten die Juden eine tief verinnerlichte Mentalität der Ausschließlichkeit gepflegt: Wer Jude war, gehörte dazu; wer kein Jude war, gehörte nicht dazu. Selbst wenn ein Nichtjude Schritte auf den einen, wahren Gott zu machte, wurde er außen vor gehalten.

Folglich hat Paulus hier etwas in der Tat Revolutionäres gesagt. Er behauptete: Es gibt in der Gemeinschaft der Jesus-Anhänger kein „wir hier drinnen und ihr da draußen" mehr, denn wir sind nun alle *eins.* Und zwar sind wir deshalb eins, weil Jesus am Kreuz gestorben ist und die Strafe für unsere Sünden auf sich genommen hat.

Das griechische Wort für *Frieden* in Epheser 2,14 ist *eirene* und bedeutet „heitere Ruhe, Stille, vollkommene Zufriedenheit", aber genauso „vollkommene Gemeinschaft." *Eirene* ist also ein Wort der Versöhnung und der Einheit.

Jesus hat den Preis für unsere Sünden bezahlt, als er am Kreuz starb. Deshalb haben wir Frieden mit Gott und miteinander – unabhängig von unserer Vergangenheit, von unserer Abstammung und von unserer Hautfarbe. In Jesus sind wir eins. Er ist wirklich unser Friede.

Jesus Christus ist unser Friede.

Ihr alle, die ihr auf Christus getauft worden seid, gehört nun zu Christus. Nun gibt es nicht mehr Juden oder Nichtjuden, Sklaven oder Freie, Männer oder Frauen. Denn ihr seid alle gleich – ihr seid eins in Jesus Christus.

Galater 3,27f (NL)

Lasst uns nun nach dem streben, was zum Frieden und zur gegenseitigen Erbauung dient.

Römer 14,19 (S)

Liebe Brüder und Schwestern, im Auftrag unseres Herrn Jesus Christus bitte ich euch eindringlich: Hört auf, euch zu streiten! Duldet keine Spaltungen in der Gemeinde, sondern steht fest zusammen und seid euch einig in dem, was ihr denkt und entscheidet!

1. Korinther 1,10 (HfA)

Lebt als Gemeinde so, dass ihr der Guten Nachricht von Christus Ehre macht, ob ich euch nun besuchen und sehen kann oder ob ich nur aus der Ferne von euch höre. Steht alle fest zusammen in derselben Gesinnung! Kämpft einmütig für den Glauben, der in der Guten Nachricht gründet.

Philipper 1,27 (GN)

Bei euch gibt es doch das ermutigende Wort im Auftrag von Christus; es gibt den tröstenden Zuspruch, der aus der Liebe kommt; es gibt Gemeinschaft durch den Heiligen Geist; es gibt herzliches Erbarmen. Dann macht mich vollends glücklich und habt alle dieselbe Gesinnung, dieselbe Liebe und Eintracht! Verfolgt alle dasselbe Ziel! Handelt nicht aus Selbstsucht oder Eitelkeit! Seid bescheiden und achtet den Bruder oder die Schwester mehr als euch selbst. Denkt nicht an euren eigenen Vorteil, sondern an den der anderen, jeder und jede von euch!

Philipper 2,1-4 (GN)

Hab Erbarmen mit mir!

Es war die außergewöhnliche Sängerin Natalie Grant, die mich in die Welt von Twitter einführte. Eines Tages, als wir gemeinsam auf einen Flug warteten, fragte sie mich: „Twitterst du?"

Das kann im Amerikanischen von „zwitschern" über „ziepen" bis „piepsen" alles bedeuten, und so antwortete ich: „Ich hoffe nicht!"

Als Natalie mir erklärte, was es mit Twitter auf sich hat, erschien es mir wie eine weitere überflüssige Sache, mit der man sich im Leben belastet. Mittlerweile habe ich schätzen gelernt, wie Twitter Menschen verbinden kann, vor allem Menschen, die füreinander beten. Aber eines stört mich nach wie vor an sozialen Netzwerken wie diesem gewaltig: Es erleichtert und befördert auch das Ablästern und Verurteilen.

Kürzlich las ich den Eintrag einer jungen Frau, die demütig gestand, dass sie alkoholabhängig sei. Sie war trocken gewesen, hatte aber gerade einen Rückfall erlebt und bat nun um Gebetsunterstützung. Einige Leute schickten ihr prompt ermutigende Botschaften, aber ein paar Pharisäer fielen über sie her. Es war geradezu eine virtuelle Steinigung. Wenn wir nicht die Balance halten zwischen Barmherzigkeit und Wahrhaftigkeit, werden wir leicht zerstörerisch und selbstgerecht.

Denken Sie an das Gleichnis, das Jesus in Lukas 18,9-14 erzählt hat. Ein Pharisäer (den die Menschen damals zu den Rechtschaffenen zählten) und ein Zolleinnehmer (der zu den schlimmsten Sündern überhaupt gerechnet wurde) waren zum

Beten in den Tempel gegangen. Der Zolleinnehmer stand mit gesenktem Kopf da, schlug sich an die Brust und flehte Gott an: „Hab Erbarmen mit mir, ich bin ein sündiger Mensch!“ (Lukas 18,13; GN). Das Gebet des Pharisäers dagegen bestand zunächst aus einer Auflistung all der guten Dinge, die er getan hatte, und dann kam eine Auflistung all der Menschen, denen er sich deutlich überlegen fühlte, einschließlich des Zolleinnehmers. Der Pharisäer hatte Gottes Erwartungen an uns Menschen komplett missverstanden.

Und wir?

Woran können wir erkennen, dass wir weit weg sind von Wahrhaftigkeit und Barmherzigkeit? Zunächst daran, dass wir nicht auf Gott fokussiert sind, sondern auf die Menschen neben uns. Es ist dann auch nicht länger unser Ziel, Gott die Ehre zu geben. Vielmehr wollen wir besser dastehen als die anderen.

Zweitens haben wir uns dann von Wahrhaftigkeit und Barmherzigkeit entfernt, wenn sich der Friede verflüchtigt hat und stattdessen ein Richtgeist und Selbstgerechtigkeit Einzug gehalten haben. Wir wollen gut genug für Gott sein und setzen das irrtümlich mit besser sein als andere gleich.

Wenn Sie an sich einen Mangel an Barmherzigkeit bemerken, halten Sie inne. Richten Sie sich neu aus. Statt abschätzig auf Ihren Nachbarn zu blicken, schauen Sie auf den, der Ihre Seele lieb hat. Auf den Einen, der Sie befähigt, andere zu lieben.

Jesus liebt Sie so, wie Sie sind, und hilft auch Ihnen, andere zu lieben, wie sie sind.

Die tägliche Ration Bibel

Wie ein Diener auf ein Handzeichen seines Herrn wartet und eine Magd auf einen Wink ihrer Herrin, so blicken wir auf den HERRN, unseren Gott, bis er uns ein Zeichen seiner Gnade gibt.

Psalm 123,2 (HfA)

In meiner Not schrie ich zu dir, Herr, ich rief zu dir um Hilfe.

Psalm 30,9 (NG)

„Urteilt nicht über andere, damit Gott euch nicht verurteilt. Denn so wie ihr jetzt andere richtet, werdet auch ihr gerichtet werden. Und mit dem Maßstab, den ihr an andere anlegt, werdet ihr selbst gemessen werden."

Matthäus 7,1f (HfA)

Von nun an liegt für mich die Krone der Gerechtigkeit bereit, die mir der Herr, der gerechte Richter, an jenem Tag zuerkennen wird, nicht aber mir allein, sondern auch allen, die seine Erscheinung lieb gewonnen haben.

2.Timotheus 4,8 (S)

Der HERR ist unser Richter, der HERR ist unser Gesetzgeber, der HERR ist unser König; er wird uns retten!

Jesaja 33,22 (S)

Der verlockende Pfad der Schmeichler

Während der ersten Wochen nach der Machtergreifung der Nationalsozialisten waren viele Deutsche, auch viele Christen, noch optimistisch im Hinblick auf Adolf Hitlers Führerschaft. Das deutsche Volk hatte schwer unter dem verlorenen Weltkrieg und seinen Folgen gelitten, und so sehnten viele den Tag herbei, an dem Ruhm und Ehre der Nation wiederhergestellt werden würden. Die Nationalsozialisten versprachen diese Hoffnungen zu erfüllen, diese Träume wahr zu machen.

Ein junger Theologe allerdings betrachtete den politischen Kurs der Nation durch eine andere Brille. Dietrich Bonhoeffer erkannte hinter dem Gedankengut der Nationalsozialisten eine unheilvolle Ideologie, die in direktem Gegensatz zu Gottes Vorstellung von Gerechtigkeit stand. Während viele seiner christlichen Geschwister der Vorstellung von einer strahlenden Wiedergeburt Deutschlands nachhingen, sah Bonhoeffer, wie sich am Horizont ein mörderischer Sturm zusammenbraute – der Holocaust. Und die Kirche ... schlief.

Bonhoeffer wusste, dass er etwas unternehmen musste, um die Kirche zu wecken, bevor es für die Juden zu spät war. Im April 1933 arbeitete er einen Vortrag aus, mit dem er seine Pfarrerkollegen – und mit ihnen die Kirche – herausfordern wollte, sich für die Juden einzusetzen.

Als Bonhoeffer den Vortrag hielt, verließen viele Pfarrer protestierend den Saal, noch bevor er zum zweiten Abschnitt gekommen war. Aber er war sich sicher, dass er mit seinem Versuch, die Kirche aufzuwecken, nur Gottes Ruf gefolgt war. Sein Gehorsam führte ihn letztlich bis ins Konzentrationslager Flossenbürg.

Die meisten von uns werden nie den Leiden ausgesetzt sein, die diesem Mann zugemutet wurden, aber wir alle werden an Punkte gelangen oder in Situationen geraten, wo unsere Entscheidung, Gottes Anweisungen zu folgen, andere Menschen sehr unglücklich macht.

Wir alle sehnen uns nach dem Beifall anderer, aber jedes Mal, wenn ich meine Entscheidungen davon beeinflussen lasse, dass ich es anderen Menschen recht machen will, flattert der innere Friede auf und davon! Dagegen werde ich diese Ruhe nicht verlieren, wenn ich mir bewusst mache, wem ich es tatsächlich recht machen soll.

Der Apostel Paulus hat es so ausgedrückt: „Bin ich […] auf die Zustimmung der Menschen aus oder auf die Zustimmung Gottes? Geht es mir wirklich darum, Menschen zu gefallen? Wenn ich noch Menschen gefallen wollte, wäre ich nicht ein Diener Christi!" (Galater 1,10; NG).

Niemand von uns kann es ständig allen Leuten recht machen, aber wir können schwierige Entscheidungen mutig und im Frieden treffen, wenn wir uns bewusst machen, wem wir dienen. Wenn wir leben, um Gott zu gefallen, ist uns sein Applaus genug.

Wir leben für ein exklusives Publikum.

Für mich ist Christus das Leben, und das Sterben ein Gewinn.

Philipper 1,21 (S)

Wenn ihr nun mit Christus auferweckt seid, dann orientiert euch nach oben, wo Christus ist! Gott hat ihm den Ehrenplatz an seiner rechten Seite gegeben. Richtet also eure Gedanken nach oben und nicht auf die irdischen Dinge! Ihr seid doch gestorben, und euer Leben ist mit Christus bei Gott verborgen.

Kolosser 3,1-3 (GN)

Mein Leben ist mir nicht wichtig. Vielmehr will ich den Auftrag ausführen, den mir Jesus Christus gegeben hat: die rettende Botschaft von Gottes Gnade und Liebe zu verkünden.

zu dem Denken will ich mehr und mehr kommen.

Apostelgeschichte 20,24 (HfA)

Liebe Brüder und Schwestern, wir haben euch bereits gelehrt, wie ihr leben sollt, damit Gott Freude an euch hat. Wir wissen auch, dass ihr euch danach richtet. Doch nun bitten wir euch eindringlich im Namen unseres Herrn Jesus: Gebt euch mit dem Erreichten nicht zufrieden, sondern macht noch mehr Fortschritte!

1. Thessalonicher 4,1 (HfA)

Wir bitten Gott, dass er euch durch seinen Geist alle nötige Weisheit und Einsicht schenkt, um seinen Willen in vollem Umfang zu erkennen. Dann könnt ihr ein Leben führen, durch das der Herr geehrt wird und das ihm in jeder Hinsicht gefällt. Ihr werdet imstande sein, stets das zu tun, was gut und richtig ist, sodass euer Leben Früchte tragen wird, und werdet Gott immer besser kennenlernen. Er, dem alle Macht und Herrlichkeit gehört, wird euch mit der ganzen Kraft ausrüsten, die ihr braucht, um in jeder Situation standhaft und geduldig zu bleiben. Freut euch und dankt ihm, dem Vater, dass er euch das Recht gegeben hat, an dem Erbe teilzuhaben, das er in seinem Licht für sein heiliges Volk bereithält.

Kolosser 1,9-12 (NGÜ)

Was Mut verleiht

Ein leiser, angenehmer Mann mit weißem Haar: Louis Sako ist Erzbischof und Patriarch der chaldäisch-katholischen Kirche. 2013 überlebte er nur knapp einen Mordanschlag, aber auch das konnte ihn nicht davon abhalten, seinen Dienst im Norden des Irak zu verrichten – in einer der gewalttätigsten Regionen der Erde, wo Bomben explodieren und der „Islamische Staat" seine blutige Spur zieht. Eine Gegend, wo sein Leben ständig bedroht ist. Warum bleibt er dort? „Wir sind geweiht", erklärte Louis Sako in einem Interview. „Wir haben unser Leben Gott gewidmet ... Wir sollten mutig sein."[10]

Die Welt, in der wir leben, kann uns unvorstellbar furchterregend erscheinen. Wie können wir mutig leben, wie können wir den Wohlgeruch des Friedens Christi verströmen – in einer Zeit, die zunehmend von willkürlichen Gewalttaten überschattet wird?

Im Alten Testament begegnet uns Gideon, der vor einer vergleichbaren Herausforderung stand. Wir treffen ihn im Buch Richter Kapitel 6 beim Dreschen von Weizen an, und zwar in einer Weinkelter, denn er muss seine Tätigkeit vor den Midianitern verbergen. Bereits seit sieben Jahren hatte Israel unter der Fremdherrschaft der Midianiter gelebt und war grausam unterdrückt worden. Diese Feinde zogen wie die Heuschrecken durchs Land und nahmen alles, was ihnen in die Quere kam, entweder in Beschlag, oder sie zerstörten es. Um zu überleben, waren die Israeliten gezwungen, sich in Höhlen zu verstecken.

Doch dann erschien der Engel des Herrn und trug Gideon auf, Israel von den Midianitern zu befreien. Gideons Gespräch mit dem Engel offenbarte, dass das Leben unter der ständigen Bedrohung der Invasoren auch von Gideon seinen Tribut gefordert hatte. Er war entmutigt, verunsichert, verwirrt und zaghaft. Es erscheint undenkbar, dass ein Mann wie Gideon zu einem mächtigen Krieger wird und zu einem Richter für das Volk Israel – aber genauso geschah es. Wie ist das zu erklären?

Die Antwort findet sich in Richter 6,22-24: Unter einer Terebinthe nahe der Kelter, in der Gideon Weizen gedroschen hatte, begegnete der verängstigte und traumatisierte junge Mann Gott. Das veränderte ihn!

Gideon errichtete an Ort und Stelle einen Altar für Gott, um an den Moment zu erinnern, an dem die Kraft Gottes sein Leben in eine neue Richtung gebracht hatte, und er nannte den Altar „Der Herr ist Friede" (Richter 6,24).

Hat Ihnen das Leben in unserer unsicheren Welt den Frieden geraubt? Nehmen Sie sich Zeit exklusiv für Gott. Lassen Sie sich von ihm daran erinnern, dass er jetzt und für immer Ihre Zuflucht, Ihre Stärke und Ihr Friede ist.

Das soll heute Ihr bestimmender Gedanke sein:
Der Herr ist Friede.

Gott ist unsere sichere Zuflucht, ein bewährter Helfer in aller Not. Darum haben wir keine Angst, auch wenn die Erde bebt und die Berge ins Meer versinken, wenn die Fluten toben und tosen und die Berge davon erzittern: Der Herr der Welt ist bei uns, der Gott Jakobs ist unser Schutz!

Psalm 46,2-4 (GN)

Selbst wenn ihr leiden müsst, weil ihr nach Gottes Willen lebt, könnt ihr euch glücklich schätzen. Darum fürchtet euch nicht vor dem Leid, das euch die Menschen zufügen, und lasst euch von ihnen nicht einschüchtern. Allein Christus, den Herrn, sollt ihr ehren. Seid immer bereit, Rede und Antwort zu stehen, wenn euch andere nach der Hoffnung fragen, die euch erfüllt. Begegnet ihnen freundlich und mit Respekt.

1. Petrus 3,14-16 (HfA)

Vertraut auf ihn allezeit, ihr von Gottes Volk! Schüttet euer Herz vor ihm aus! Gott ist unsere Zuflucht.

Psalm 62,9 (E)

Jedes Wort, das Gott spricht, ist wahr. Er beschützt alle, die bei ihm Schutz suchen.

Sprüche 30,5 (NL)

Weil Gott niemals lügt, haben wir jetzt zwei Tatsachen, auf die wir uns felsenfest verlassen können. Gottes Zusage und sein Eid ermutigen und stärken alle, die an der von Gott versprochenen Hoffnung festhalten. Diese Hoffnung ist für uns ein sicherer und fester Anker, der hineinreicht in den himmlischen Tempel, bis ins Allerheiligste.

Hebräer 6,18f (HfA)

Gib mir Augen, damit ich sehen kann

Alles begann mit einer einfachen E-Mail-Anfrage: „Wenn Sie kommen, wären Sie wohl daran interessiert, sich mit einigen Insassinnen des städtischen Frauengefängnisses zu treffen?"

Ich wusste, dass wir Eintrittskarten für etwa dreißig weibliche Häftlinge, für einige Justizvollzugsbeamte und für den Gefängnisdirektor und seine Frau reserviert hatten. Wir hatten das schon seit einigen Jahren so gehalten, wenn wir in jene Stadt kamen. Aber diesmal bekamen wir Gelegenheit, uns mit einigen von ihnen zu treffen, und das empfanden wir als Geschenk. Während der Mittagspause am Samstag gingen Jen Hatmaker, vier weitere Referentinnen und ich zu der Lounge, in der die Frauen versammelt waren.

Wie gerne würde ich ihnen ihre Gesichter zeigen. Manche waren vom Leben gezeichnet und wirkten älter, als sie tatsächlich waren. Andere waren überraschend jung und voller Zukunftshoffnung. Jede von uns Referentinnen hatte ein paar Momente, um zu erzählen, was uns wichtig war.

Wir sprachen von Gottes unablässiger Liebe und Barmherzigkeit.

Wir sprachen von Vergebung und Neuanfang.

Wir sprachen über den Frieden Christi, der auch die unmöglichsten Plätze ausfüllen kann.

Uns allen kamen die Tränen. Jede von uns sechs Referentinnen scharte eine Gruppe von Frauen um sich; wir gingen vor ihnen auf die Knie und beteten für sie. Das alles fand zwar in der „Jack Daniel's Lounge" statt (der Raum hieß tatsächlich so), aber wir empfanden es als einen heiligen Ort. Es gab keinen Abstand zwischen uns, kein „die da" und „wir", denn es war glasklar: Wir alle waren Sünder und auf Gottes Gnade und Erbarmen angewiesen.

Die meisten der Frauen, mit denen wir sprachen, glaubten bereits an Jesus Christus. Zwei nahmen ihn an jenem Tag an. Ich blieb noch eine Weile bei den Frauen, um ihre jeweilige Geschichte zu erfahren. Viele Berichte waren herzzerreißend, aber ein roter Faden war klar erkennbar: Christus gibt auch in den dunkelsten Momenten Frieden. Ich war dorthin gegangen mit dem Gebet, Christus möge die Herzen der Frauen durch mich anrühren. Tatsächlich aber hat Christus mein Herz durch sie angerührt.

Ich frage mich, wie oft wir wohl übersehen, was Christus im Leben eines anderen Menschen tut, weil wir uns nicht bemühen, hinter die äußere Fassade zu blicken.

Deshalb habe ich mir das folgende Gebet zur täglichen Übung gemacht: *Herr, gib mir Augen, um zu sehen, was ich ohne dich übersehen würde. Gib mir Ohren, um zu hören, was niemand sagt, aber was aus dem Herzen eines Menschen schreit. Amen.*

Keine Grube ist so tief,
dass Jesus nicht den Grund erkennen könnte.

Vor dem Gericht Gottes gibt es also keine Verurteilung mehr für die, die mit Jesus Christus verbunden sind.

Römer 8,1 (GN)

Ich bin überzeugt, dass weder Tod noch Leben, weder Engel noch unsichtbare Mächte, weder Gegenwärtiges noch Zukünftiges, noch gottfeindliche Kräfte, weder Hohes noch Tiefes, noch sonst irgendetwas in der ganzen Schöpfung uns je von der Liebe Gottes trennen kann, die uns geschenkt ist in Jesus Christus, unserem Herrn.

Römer 8,38f (NG)

Der Blinde blickte auf und sagte: „Ja, ich sehe die Menschen; sie sehen aus wie wandelnde Bäume." Noch einmal legte ihm Jesus die Hände auf die Augen. Danach blickte der Mann wieder auf – und war geheilt. Er konnte jetzt alles ganz deutlich erkennen.

Markus 8,24f (GN)

Einer trage des anderen Last; so werdet ihr das Gesetz Christi erfüllen.

Galater 6,2 (EÜ)

Helft aber auch ihr, indem ihr für uns betet.

2. Korinther 1,11 (EÜ)

Mit Gottes Versorgung rechnen

Im Frühling des Jahres 70 n. Chr. rückten römische Truppen gegen Jerusalem vor und begannen die Stadt zu belagern. Wohl wissend, dass die Nahrungs- und Wasservorräte Jerusalems begrenzt waren, erlaubten die Römer jüdischen Pilgern den Zutritt zur Stadt zum Passahfest – hinderten sie anschließend aber, die Stadt wieder zu verlassen. Aus Tagen und Wochen wurden Monate, und in Jerusalem brach Hunger aus. Bevor die Belagerung endete, versuchten die Juden in Jerusalem sogar ihre ledernen Gürtel und Schuhe zu essen.

Nur wenige von uns werden jemals so quälenden Hunger oder solche Angst erleiden wie die eingeschlossenen Juden damals. Schließlich will Gott nicht, dass wir in Angst leben. Er möchte, dass wir friedlich in der Freiheit leben, die aus dem Vertrauen auf seine Fürsorge für uns entspringt. Die Bibel ist voll von den Zusagen Gottes, dass er unsere Bedürfnisse befriedigen wird. Einer meiner Favoriten ist eingebettet ins Vaterunser: „Unser tägliches Brot gib uns heute" (Matthäus 6,11; L).

Ist Ihnen je die Doppelung in diesem Satz aufgefallen - „täglich" und „heute"? Dem Neutestamentler Kenneth Bailey zufolge liegt die Doppelung in der Schwierigkeit, das altgriechische Wort *epiousios* zu übersetzen. Tatsächlich ist dieses Wort nirgends sonst in der griechischen Literatur überliefert. Bibelwissenschaftler haben das Wort im Lauf der Zeit auf verschiedenste Weise gedeutet, aber der älteste Kommentar, den wir zu diesem Thema haben, ist in Altsyrisch und damit zugleich am engsten verwandt mit dem Aramäischen, der Sprache, die Jesus gesprochen hat. Im Altsyrischen lautet die Übersetzung: „Gib uns heute das Brot, das nicht alle wird.“[11]

Jesus will eindeutig nicht, dass wir uns sorgen müssen, ob wir wohl genügend zum Leben haben. Er macht uns Mut, einfach Gott darum zu bitten, dass er diese Bedürfnisse stillt, und ihn um das Brot zu bitten, das nie zur Neige geht.

Welche Not bedrückt Sie gegenwärtig? Gott will nicht, dass Sie nachts aus Sorge oder Furcht wach liegen. Er lädt Sie ein, zu ihm zu kommen und ihn in kindlichem Vertrauen darum zu bitten, dass er für Sie sorgt.

Danke, Vater, dass deine Vorräte niemals ausgehen.

Die tägliche Ration Bibel

Darum sage ich euch: Macht euch keine Sorgen um euren Lebensunterhalt, um Nahrung und Kleidung! Bedeutet das Leben nicht mehr als Essen und Trinken, und ist der Mensch nicht wichtiger als seine Kleidung? Seht euch die Vögel an! Sie säen nichts, sie ernten nichts und sammeln auch keine Vorräte. Euer Vater im Himmel versorgt sie. Meint ihr nicht, dass ihr ihm viel wichtiger seid?

Matthäus 6,25f (HfA)

Ich bin jung gewesen und alt geworden und habe noch nie den Gerechten verlassen gesehen und seine Kinder um Brot betteln.

Psalm 37,25 (L)

Erforsche mich, Gott, und erkenne mein Herz; prüfe mich und erkenne, wie ich's meine.

Psalm 139,23 (L)

Es ist umsonst, dass ihr früh aufsteht und spät aufbleibt und sauer erworbenes Brot esst; solches gibt er seinem Geliebten im Schlaf!

Psalm 127,2 (S)

Schätze im Himmel

Können Sie sich noch an das „Jahr-2000-Problem“ erinnern?

Waren Sie an der Jahrtausendwende wie so viele Menschen verunsichert, haben vielleicht Vorkehrungen für das befürchtete Desaster getroffen, das mit dem Wechsel von Silvester 1999 zum Neujahrstag 2000 eintreten sollte? Ich war nicht nur aufgeregt, ich war völlig gebannt – und das nicht freiwillig.

Mein Schwiegervater William und mein Mann Barry waren überzeugt, dass die Welt Schlag Mitternacht stromlos sein würde und wir alle nach Streichhölzern tasten müssten. Also bereiteten sie sich vor! Wir hatten eine Campingtoilette, eine Dusche, ein Radio mit Dynamokurbel, Kerzen, die monatelang Licht liefern würden, und genügend Saatgut, um ganz Amerika zu bepflanzen. Ich muss zugeben: Ich habe auch meinen Beitrag geleistet. Ich hatte eine Menge Schokolade gekauft und behauptete, das sei im Fall das Falles Tauschgut. In Wirklichkeit hatte ich nicht vor, etwas davon herzugeben.

Spaß beiseite. Wie bereiten wir uns auf die Zukunft in unserer wahrlich unsicheren Welt vor?

Jesus hat uns Folgendes empfohlen: „Sammelt keine Schätze hier auf der Erde! Denn ihr müsst damit rechnen, dass Motten und Rost sie zerfressen oder Einbrecher sie stehlen. Sammelt lieber Schätze bei Gott. Dort werden sie nicht von Motten und Rost zerfressen und können auch nicht von Einbrechern gestohlen werden. Denn euer Herz wird immer dort sein, wo ihr eure Schätze habt“ (Matthäus 6,19-21; GN).

Es ist nicht verkehrt, wenn man materielle Güter besitzt, aber wir sollten sie besser nicht zum Dreh- und Angelpunkt unseres Lebens machen, denn sie sind vergänglich, und das führt nur zu Furcht und Frustration. Gott möchte, dass wir Freude haben an einem reichen, mit Frieden erfüllten Dasein, das aus der Liebe zu ihm entspringt und aus Liebe zu dem, was Gott liebt. Gott möchte, dass wir unser Leben in unsere Brüder und Schwestern im Glauben investieren und dass wir uns barmherzig den Notleidenden zuwenden. Gott möchte, dass wir die gute Nachricht von der Versöhnung mit dem Vater durch den Tod Jesu Christi am Kreuz weitergeben. Wenn uns das alles am Herzen liegt, dann sammeln wir Schätze an einem absolut sicheren Ort: im Himmel.

Ein friedevolles Herz ist auf Jesus Christus ausgerichtet.

Die tägliche Ration Bibel

Seid nicht bestürzt und habt keine Angst! Glaubt an Gott und glaubt an mich! Denn im Haus meines Vaters gibt es viele Wohnungen. Sonst hätte ich euch nicht gesagt: Ich gehe hin, um dort alles für euch vorzubereiten. Und wenn alles bereit ist, werde ich zurückkommen, um euch zu mir zu holen. Dann werdet auch ihr dort sein, wo ich bin.

Johannes 14,1-3 (HfA)

Aus seinem großen Reichtum wird euch Gott, dem ich gehöre, durch Jesus Christus alles geben, was ihr zum Leben braucht.

Philipper 4,19 (HfA)

Stimmt ein Loblied an für den Herrn, singt unserem Gott zum Klang der Harfe! Er bedeckt den Himmel mit Wolken, schafft den Regen herbei für die Erde und lässt das Gras auf den Bergen wachsen.

Psalm 147,7f (GN)

Gott ist mächtig, euch jede Gnade im Überfluss zu spenden, sodass ihr in allem allezeit alle Genüge habt und überreich seid zu jedem guten Werk.

2. Korinther 9,8 (S)

Denen, die auf ihn vertrauen, gibt er, was sie brauchen, und vergisst niemals seinen Bund mit ihnen.

Psalm 111,5 (NL)

Ein Glaubensakt

Meine Freundin war erst kürzlich zum Glauben an Jesus Christus gekommen, und nun fand sie alles an ihrem neuen Leben frisch und aufregend. Sie war hungrig nach dem Wort Gottes, und jede neue Entdeckung darin stärkte ihren Glauben und vertiefte ihre Leidenschaft – bis wir zum Prinzip des Zehnten kamen.

„Also gibst du Gott in guten Monaten, wenn du was übrig hast, zehn Prozent von allem ab?“, fragte sie.

„Nein“, antwortete ich. „Als Töchter des Königs geben wir ihm immer zehn Prozent unseres Einkommens – auch in schlechten Monaten. So bringen wir unser Leben auf eine Linie mit dem Wort Gottes. Und wir bringen damit auch unser Vertrauen zum Ausdruck, dass Gott für uns sorgen wird.“

„Klingt ein wenig unverantwortlich“, war ihr Kommentar. „Sollte ich nicht zuerst alle meine Rechnungen bezahlen?“

„Wenn du Gott ehrst, wird er dein Vertrauen in ihn belohnen“, gab ich zur Antwort. „Gott versagt nie.“

„Dann hoffe ich mal, mir bleibt genug!“, sagte sie.

Das Ringen meiner Freundin ist nichts Neues. Das Volk Israel zum Beispiel schien extrem anfällig zu sein für den Baalskult. Dieser Götzendienst hing eng zusammen mit der Sorge, dass Gott nicht ausreichend sein könnte.

Als die Israeliten noch als Zwangsarbeiter ägyptische Felder bestellt hatten, konnten sie sich auf die alljährlichen Fluten des Nil verlassen. Später kamen sie in die Wüste und wurden

Nomaden. Gott versorgte sie mit Manna. Als sie ins Gelobte Land einzogen, wurden sie wieder Landwirte, nur dass es diesmal keinen Nil gab. In Kanaan waren die Bauern auf Regen angewiesen. Allerdings übernahmen die Israeliten von den Kanaanitern nicht nur die nötigen Landbaumethoden, sondern oft auch gleich den eng damit verbundenen Götzendienst. Die Kanaaniter glaubten, dass sie den Fruchtbarkeitsgott Baal bei Laune halten mussten, wenn sie Regen für ihre Feldfrüchte bekommen wollten.

Und so mussten sich die Israeliten in jeder Pflanzsaison erneut entscheiden: Vertrauten sie darauf, dass Gott sie versorgen würde, oder gaben sie der Furcht Raum, dass Gottes Fürsorge nicht ausreichen könnte, und wandten sich deshalb an Baal?

Wir sollten Israel für derartige Zweifel nicht verurteilen. Denn trotz Gottes Treue zu uns nagt auch an uns gelegentlich die Furcht, dass Gott seine Zusagen womöglich nicht dauerhaft einlösen könnte und er irgendwie nicht ausreicht.

Unser Gott ist treu. Lassen Sie sich nicht von Furcht betrügen. Sie können Ihrem himmlischen Vater vertrauen, dass er Ihre Bedürfnisse heute stillt, und Sie können zugleich seinen süßen Frieden erleben.

Ehren Sie Gott mit allem, was Sie haben, in dem Bewusstsein, dass er für Sie sorgt.

Die tägliche Ration Bibel

Wenn ihr wirklich die Weisungen des Herrn, die ich euch heute verkünde, befolgt und ihn, euren Gott, mit ganzem Herzen und mit allen Kräften liebt und ehrt, wird er euren Feldern zur rechten Zeit Regen schicken, im Herbst und im Frühjahr. Ihr werdet Korn, Wein und Öl ernten können und euer Vieh wird Gras zum Weiden finden. Ihr werdet immer genug zu essen haben. Nehmt euch in Acht und lasst euch nicht dazu verleiten, dem Herrn untreu zu werden. Verehrt nicht andere Götter, dient ihnen nicht.

5. Mose 11,13-16 (GN)

Er ist es, der Himmel und Erde erschafft, das Meer und alles, was in ihm ist. Er hält die Treue auf ewig. Recht schafft er den Unterdrückten, Brot gibt er den Hungernden, der Herr befreit die Gefangenen.

Psalm 146,6f (EÜ)

Mit Gnade und Treue leitet der Herr alle, die seinen Bund halten und seinen Geboten gehorchen.

Psalm 25,10 (NL)

Wenn es jemand unter euch an Weisheit mangelt, so erbitte er sie von Gott, der allen gern und ohne Vorwurf gibt, so wird sie ihm gegeben werden.

Jakobus 1,5 (S)

In seiner Macht kann Gott alle Gaben über euch ausschütten, sodass euch allezeit in allem alles Nötige ausreichend zur Verfügung steht und ihr noch genug habt, um allen Gutes zu tun.

2. Korinther 9,8 (EÜ)

Zeit für Sie und Gott allein

Ist Ihnen schon mal aufgefallen, was Menschen heutzutage tun, wenn sie im Supermarkt in der Schlange vor der Kasse stehen oder an der Tankstelle warten müssen, bis eine Zapfsäule frei wird, oder wenn sie im Theater sitzen und darauf warten, dass der Vorhang aufgeht? Die meisten starren auf ihre Smartphones – checken E-Mails, schauen nach dem aktuellen Tabellenstand ihrer Lieblingsmannschaft, spielen ein Spiel, bestellen etwas, tauschen Kurzmitteilungen mit Freunden aus. Wir füllen nicht nur unsere freien Momente mit den elektronischen Spielzeugen aus, sondern oft auch die Zeit, wenn wir mit anderen Menschen zusammen sind. „Keine Smartphones bei Tisch!" ist der aktuelle Wahlspruch vieler Eltern. Smartphones bedeuten gewöhnlich weniger Austausch von Mensch zu Mensch, von Herz zu Herz.

Und wenn wir weniger Zeit für die Pflege unserer Beziehungen zu Menschen finden, dann werden wir vermutlich auch Mühe haben, Zeit für Gott zu finden. Zeit, um auf seine Stimme zu lauschen, seinen Trost, seine Liebe, seine Wegweisung, seinen Frieden zu erleben.

Gott spricht in der Stille. Haben wir noch stille Zeiten in unserem Leben, wo wir auf ihn achten und auf seine Stimme hören?

In Psalm 130 wird es so ausgedrückt: „Ich setze meine ganze Hoffnung auf den Herrn; voller Sehnsucht warte ich darauf, dass er zu mir spricht. Ja, ich warte auf den Herrn, mehr als die Wächter auf den Morgen!" (Psalm 130,5f; HfA).

Ich wünsche mir, dass das auch der Ruf meines Herzens ist! Gottes Worte sollen mir so kostbar sein, dass ich mich mehr nach der Zeit mit ihm sehne als nach sonst irgendetwas in meinem Leben. Und wenn ich Gottes Stimme hören will, dann muss ich in meinen Tagen dafür Raum schaffen.

Ich weiß, wie leicht man Ausreden dafür findet, warum man so beschäftigt ist. Aber wann immer ich versuche, meinen vollgestopften Tagesplan zu rechtfertigen, raunt mir etwas tief drinnen zu, dass ich Zeit freiräumen sollte für das, was ich am meisten schätze. Oswald Chambers pflegte nie um den heißen Brei herumzureden. Zu meinen Ausreden sagte er: „Es ist so schwierig, still zu werden, sagst du ... – Oh, es kann schon funktionieren, aber dazu musst du die Türe schließen können."[12]

Wenn ich also das nächste Mal ein paar freie Momente habe, werde ich etwas Unzeitgemäßes tun. Ich schalte mein Smartphone ab, werde still und lausche, was Gott mir zu sagen hat. Höchste Zeit, dass ich lerne, die Tür zu schließen gegen alle Ablenkungen und mein Herz für Gott zu öffnen.

Rede, Herr. Ich höre.

Die tägliche Ration Bibel

Eli sprach zu Samuel: Geh wieder hin und leg dich schlafen; und wenn Er dich rufen wird, so sprich: Rede, Herr, denn dein Knecht hört! Und Samuel ging hin und legte sich an seinen Ort.

1. Samuel 3,9 (S)

Lass uns deine Gnade erfahren, Herr, und schenke uns Rettung. Ich will hören, was Gott, der Herr, sagt. Frieden verspricht er seinem Volk, all denen, die ihm treu sind. Nur sollen sie nicht wieder in ihre verhängnisvollen Fehler zurückfallen! Ja, nahe ist seine Rettung denen, die in Ehrfurcht vor ihm leben. Seine Herrlichkeit soll wieder Wohnung nehmen in unserem Land.

Psalm 85,8-10 (NG)

Still und ruhig ist mein Herz, so wie ein sattes Kind im Arm der Mutter – still wie ein solches Kind bin ich geworden.

Psalm 131,2 (GN)

Bei Gott allein werde ruhig meine Seele, denn von ihm kommt meine Hoffnung.

Psalm 62,6 (EÜ)

Der Herr, der heilige Gott Israels, hat zu euch gesagt: „Wenn ihr zu mir umkehrt und stillhaltet, dann werdet ihr gerettet. Wenn ihr gelassen abwartet und mir vertraut, dann seid ihr stark."

Jesaja 30,15 (GN)

Ein Tag der Ruhe und des Friedens

Es war ein verrückter Tag. Um genau zu sein: Die ganze Woche war verrückt gewesen. Ich war von einer Reise zurückgekehrt zu einem gigantischen Berg von Schmutzwäsche, zu einem leeren Kühlschrank, zu einem hungrigen Teenager und fünf seiner Kameraden. Nachdem ich irgendwie ein Nudelgericht gezaubert hatte, hatte ich die erste Ladung Weißwäsche angestellt und die Hunde gefüttert. Beim Checken meines E-Mail-Eingangs stellte ich fest, dass ich den Abgabeschluss für einen Zeitschriftenartikel verpasst hatte, aber sie räumten mir noch eine Galgenfrist bis zum folgenden Tag ein. Und beim Telefon klebten drei Notizzettel:

„Ruf deine Mutter an."

„Ruf den Tierarzt an."

„Ruf die Radiostation an. Du hattest ihnen für heute früh ein Interview zugesagt."

Ich wollte einfach nur noch weg!

Wir alle führen ein aufreibendes Dasein, aber das Leben wird vollends undurchführbar, wenn wir vergessen, eines von Gottes Geboten zu halten: Unser himmlischer Vater, der König der Könige, unser Schöpfer, erwartet von uns, dass wir den Sabbat heiligen. Vielleicht sollten wir darauf achten!

Das Wort Sabbat (im Hebräischen *Schabbat*) bedeutet „Ablassen von der Anstrengung, etwas einstellen, feiern, ruhen, still sein.“ Gott hat uns das mit dem Ablassen von der Anstrengung vorgemacht, als er nach sechs Tagen Schöpfung beschloss, am siebten Tag zu ruhen. Der Sabbat ist eine Zeit, um innezuhalten in unserer Arbeit, um herunterzukommen und Ruhe zu finden. Es ist ein Tag der Anbetung Gottes und des Hörens auf seine Stimme. Der Sabbat macht uns fähig, unsere von Gott geschenkten Aufgaben mit neuer Energie und Zielbewusstsein anzupacken. Wenn wir zusammen mit Gott Sabbat halten, bringen wir sein Leben in unsere Arbeit.

In seinem wunderbaren Buch *Christ Plays in Ten Thousand Places* warnt Eugene Peterson vor den Tücken eines arbeitsintensiven Lebens, das auf Gottes Geschenk des Sabbats verzichtet: „Ohne Sabbat fehlt dem Arbeitsplatz schon bald jeder Sinn für die Gegenwart Gottes, und Arbeit wird zum Selbstzweck. In einer solchen Endlosschleife wird der sabbatlose Arbeitsplatz zur Brutstätte für Götzendienst. Wir errichten Götzen am Arbeitsplatz, wenn wir alle Beziehungen auf Funktionen reduzieren, die wir handhaben können. Wir errichten Götzen am Arbeitsplatz, wenn wir Arbeit auf die Dimension unseres Egos und unserer Kontrolle reduzieren.“[13]

Klingt das nicht erbärmlich? Kein Wunder, dass Menschen durchdrehen!

Ich weiß nicht, wie es Ihnen geht, aber was mich betrifft: Ich möchte nicht, dass Arbeit buchstäblich gottlos ist. Ich möchte meinen täglichen Aufgaben, egal wie banal sie sind, erfüllt von Gottes Geist nachgehen und will alles tun zur Ehre Gottes.

Deshalb nehme ich mir Zeit, um innezuhalten, zu lauschen und zu ruhen. Am Sabbat will ich die Hände und das Herz frei haben für die Anbetung Gottes und nichts sonst. Ich finde reichen Frieden an diesem Tag, und den trage ich in die neue Woche. Oder vielmehr: Er trägt mich!

„Seid still und erkennt, dass ich Gott bin."

Die tägliche Ration Bibel

Am siebten Tag hatte Gott sein Werk vollendet und ruhte von aller seiner Arbeit aus. Und Gott segnete den siebten Tag und erklärte ihn zu einem heiligen Tag, der ihm gehört, denn an diesem Tag ruhte Gott, nachdem er sein Schöpfungswerk vollbracht hatte.

1. Mose 2,2f (GN)

Halte den Ruhetag am siebten Tag der Woche, so wie es der Herr, dein Gott, befohlen hat. Er ist für dich ein heiliger Tag, der dem Herrn gehört. Sechs Tage in der Woche sollst du arbeiten und alle deine Tätigkeiten verrichten; aber der siebte Tag ist der Ruhetag des Herrn, deines Gottes. An diesem Tag sollst du nicht arbeiten, auch nicht dein Sohn oder deine Tochter, dein Sklave oder deine Sklavin, dein Rind, dein Esel oder ein anderes von deinen Tieren und auch nicht der Fremde, der bei dir lebt. An diesem Tag sollen dein Sklave und deine Sklavin genauso ausruhen können wie du.

5. Mose 5,12-14 (GN)

Der Herr ist mein Hirte; mir wird nichts mangeln. Er weidet mich auf grünen Auen und führt mich zu stillen Wassern. Er erquickt meine Seele; er führt mich auf rechter Straße um seines Namens willen.

Psalm 23,1-3 (S)

Wer unter dem Schutz des Höchsten wohnt, der kann bei ihm, dem Allmächtigen, Ruhe finden.

Psalm 91,1 (HfA)

Kommt zu mir, ihr alle, die ihr euch plagt und von eurer Last fast erdrückt werdet; ich werde sie euch abnehmen. Nehmt mein Joch auf euch und lernt von mir, denn ich bin gütig und von Herzen demütig. So werdet ihr Ruhe finden für eure Seele.

Matthäus 11,28f (NG)

Stimmen Sie ein ins Lob!

Als der Kran das Kreuz vom Turm der Yahui-Kirche in Wenzhou in der chinesischen Provinz Zhejiang entfernte, schrien die vor der Kirche versammelten Gläubigen auf und begannen zu weinen. Aber dann begannen einige mit zitternden Stimmen zu singen, und ihre Klage wandelte sich spontan in einen Lobgesang. So sangen sie zum Beispiel das Lied „Hin zum Kreuz" von Fanny J. Crosby.[14]

In den vergangenen Jahren haben chinesische Behörden mancherorts den Druck auf christliche Gemeinden erhöht, haben ihre Versammlungsplätze ins Visier genommen und ihre Kirchen zerstört. In zahlreichen Fällen wurden Kreuze gewaltsam von Kirchendächern entfernt.

Mein Herz seufzt mit unseren Brüdern und Schwestern in China. Gleichzeitig nehme ich ehrfürchtig wahr, dass ihr Leiden zum Katalysator für das Lob Gottes wird.

Christen haben schon immer Zuspruch und Hoffnung in Liedern der Anbetung gefunden, und das gerade auch in schlimmen Zeiten. Ein frühes Beispiel haben Paulus und Silas geliefert, eingekerkert in Philippi. Sie lagen in Ketten, ihre Körper waren zerschlagen und blutig von der vorhergegangenen Auspeitschung. Sie schliefen nicht, obwohl es schon Mitternacht war.

Stattdessen „priesen sie Gott mit Lobliedern, und die Mitgefangenen hörten ihnen zu" (Apostelgeschichte 16,25; NG). Das strahlende Licht des Lobpreises erhellte die Finsternis ihres Leidens, und Gott reagierte darauf.

In der Apostelgeschichte heißt es, dass Gott ein Erdbeben schickte – so heftig, dass die Gefängnistüren aufsprangen und den Gefangenen die Ketten abfielen. Diese machtvolle Tat Gottes brachte den Gefängnisaufseher und seine Familie dazu, an Ort und Stelle Christen zu werden.

Sind Sie niedergeschlagen, liegt Ihnen etwas auf der Seele? Trauen Sie sich, Ihre Stimme zu erheben, egal wie zitterig sie klingen mag und auch ungeachtet der Tränen, und loben Sie Gott. Lobpreis hilft uns, die Augen über die Dunkelheit zu erheben, und erinnert uns an die unveränderliche Tatsache, dass Gott die Kontrolle hat und uns liebt. Selbst in unseren schwärzesten Stunden sind wir geborgen in seiner Hand. Und wir können Frieden haben.

Hin zum Kreuz, hin zum Kreuz all mein Sehnen gehe,
bis vor Gottes Throne ich triumphierend stehe!

Die tägliche Ration Bibel

Der Herr ist meine Stärke und mein Schild. Auf ihn habe ich vertraut, darum wurde mir geholfen.

Psalm 28,7 (NG)

Fürchte dich nicht, ich bin mit dir; weiche nicht, denn ich bin dein Gott. Ich stärke dich, ich helfe dir auch, ich halte dich durch die rechte Hand meiner Gerechtigkeit.

Jesaja 41,10 (L)

Warum bin ich so mutlos? Warum so traurig? Auf Gott will ich hoffen, denn eines Tages werde ich ihn wieder loben, meinen Retter und meinen Gott.

Psalm 42,6 (NL)

Der HERR ist meine Rettung und Kraft, er lässt mich fröhlich singen. Er ist mein Gott, ihn will ich preisen! Er ist der Gott meines Vaters, ihn allein will ich ehren.

2. Mose 15,2 (HfA)

Freude wird bei all denen herrschen, die bei dir Hilfe suchen. Ihr Jubel wird ohne Ende sein, denn du stellst sie unter deinen Schutz. So werden alle jubeln über dich, die deinen Namen lieben.

Psalm 5,12 (NG)

Frieden finden durch Zielbewusstsein

Niemand hätte sich vorstellen können, dass Louis Zamperini eines Tages Olympiateilnehmer oder amerikanischer Kriegsheld werden würde. Als Jugendlicher war er haltlos, machte ständig Ärger und scheute auch vor Diebstahl nicht zurück. Eines Tages empfahl ihm ein Polizist, er solle seine Energie doch lieber auf der Aschenbahn verwenden – andernfalls würde er im Gefängnis landen.

Die Saat war gesät. Mit der Zeit änderte sich etwas in Louis. Er beschloss, seine Leidenschaft für etwas Wesentliches zu verwenden. Das Buch und der Film *Unbroken* (deutscher Titel des Buches: *Unbeugsam*) handeln von Louis' neu gewonnener Charakterstärke und Entschlusskraft: „Wenn ich es schaffen kann, dann mache ich es auch."

Er lebte diese Entschlossenheit bei den Olympischen Spielen 1936 im 5000-Meter-Lauf, aber seine Kühnheit sollte ihm noch durch weitaus schwierigere Situationen hindurchhelfen. Im II. Weltkrieg stürzte er als junger Luftwaffenoffizier mit seiner Maschine ab und trieb mit zwei Kameraden 47 Tage lang in einem Rettungsboot auf dem Pazifik. Gerettet wurde Louis schließlich von den Japanern. Den Rest des Krieges verbrachte er in japanischen Kriegsgefangenenlagern, wo er schreckliche Dinge erlitt.

Warum hat Louis Zamperini trotzdem überlebt? Ein Grund ist, dass er und seine Mitgefangenen auch in ihrem Leiden versuchten, ihren Sinn zu erfüllen. Bei der Zwangsarbeit überlegten sie ständig, wie sie den Feind weiterhin bekämpfen konnten, und war es auch nur mit Kleinigkeiten, wie zum Beispiel, dass sie Informationen sammelten oder Lebensmittel stahlen. Sie waren zwar hinter Stacheldraht gefangen, aber sie waren immer noch Soldaten. Sie wollten kämpfen, wo auch immer es ihnen möglich war.

Die Geschichte von Louis zeigt eindrücklich, dass wir Menschen große Leiden ertragen können, solange diese Leiden nicht sinnlos sind. Wir müssen wissen, dass das Schwere, das wir durchmachen, einen Sinn ergibt und dass daraus etwas Gutes entstehen wird.

Es steckt ein erstaunlicher Friede in der Entdeckung, dass für Kinder Gottes auch schwere Wege ein gutes Ziel haben. Gottes heilsame Berührung kann jeden Schicksalsschlag und jede Anfechtung in etwas Gutes für uns verwandeln – zu Gottes Ehre.

So heißt es im Römerbrief Kapitel 5: „Wir danken Gott auch für die Leiden, die wir wegen unseres Glaubens auf uns nehmen müssen. Denn Leid macht geduldig, Geduld aber vertieft und festigt unseren Glauben, und das wiederum stärkt unsere Hoffnung. Diese Hoffnung aber geht nicht ins Leere. Denn uns ist der Heilige Geist geschenkt, und durch ihn hat Gott unsere Herzen mit seiner Liebe erfüllt“ (Römer 5,3-5; HfA).

Die erlösende Berührung durch Gott verwandelt unsere Probleme in „leidenschaftliche Geduld“, in kraftvolle Kühnheit und in gespannte Erwartung, was Gott tun wird.

Gottes Berufung für Sie verleiht Frieden.

Die tägliche Ration Bibel

Vor euch liegt eine große Freude, auch wenn ihr für eine Weile viel erdulden müsst. Dies dient nur dazu, euren Glauben zu prüfen, damit sich zeigt, ob er wirklich stark und rein ist. Er wird erprobt, so wie Gold im Feuer geprüft und geläutert wird – und euer Glaube ist Gott sehr viel kostbarer als bloßes Gold. Wenn euer Glaube also stark bleibt, nachdem er durch große Schwierigkeiten geprüft wurde, wird er euch viel Lob und Herrlichkeit und Ehre einbringen an dem Tag, an dem Jesus Christus der ganzen Welt offenbart werden wird.

1. Petrus 1,6f (NL)

Der Heilige Geist hilft uns in unserer Schwäche. Denn wir wissen ja nicht einmal, worum oder wie wir beten sollen. Doch der Heilige Geist betet für uns mit einem Seufzen, das sich nicht in Worte fassen lässt. Und der Vater, der alle Herzen kennt, weiß, was der Geist sagt, denn der Geist bittet für die, die zu Gott gehören, wie es dem Willen Gottes entspricht. Und wir wissen, dass für die, die Gott lieben und nach seinem Willen zu ihm gehören, alles zum Guten führt.

Römer 8,26-28 (NL)

Ich bin ganz sicher, dass nichts uns von Gottes Liebe trennen kann.

Römer 8,38 (GN)

Auch wenn es durch dunkle Täler geht, fürchte ich kein Unglück, denn du, Herr, bist bei mir. Dein Hirtenstab gibt mir Schutz und Trost.

Psalm 23,4 (HfA)

Friedvolle Nächte

Es gibt ein paar Dinge, mit denen ich nur schwer leben kann, und die meisten davon haben mit Warten zu tun. Ich bin nicht gut im Warten. Ich kann sowohl mit guten als auch mit schlechten Nachrichten umgehen, aber ich bin kein Fan von *gar keinen* Nachrichten.

Wohl wissend, dass unser Sohn Christian 2015 aufs College wechseln würde (was auch mit Kosten verbunden war), beschlossen Barry und ich, unser Haus zu verkaufen und in ein kleineres umzuziehen. Wir hatten das große Haus erworben, als Barrys Vater bei uns einzog, aber nach dessen Tod und angesichts des bevorstehenden neuen Lebensabschnitts unseres einzigen Kindes war nun eine Verkleinerung angesagt.

Der Verkauf eines Hauses läuft in den USA ganz anders ab als in meiner schottischen Heimat. Wenn man dort ein Haus zum Verkauf anbietet, melden sich Interessenten an, man lädt sie zu einer Tasse Tee ein und bleibt in der Nähe, um Fragen zu beantworten. Nicht so in den USA. Unsere Maklerin machte uns klar, dass wir uns vom Haus fernhalten sollten – und vorher sollten wir so viele persönliche Dinge wie möglich verschwinden lassen.

„Immerhin wohnen wir noch hier", wagte ich einzuwenden.

„Ich weiß", sagte sie. „Aber es muss ja nicht danach aussehen."

Deshalb musste ich jedes Mal, wenn wieder eine Besichtigung des Hauses anstand, in Windeseile alle Lebenszeichen entfernen. Da gab es freilich ein Problem. Um genau zu sein: Drei Probleme, jeweils mit vier Beinen – unsere Hunde. Die Maklerin empfahl uns, wir sollten sie in der Waschküche einsperren. Entsprechend hängte ich ein Schild an die Tür: „Nicht betreten – die Hunde kümmern sich um die Wäsche!“

Der Prozess des Wir-versuchen-unser-Haus-zu-verkaufen zieht sich mittlerweile schon einige Monate hin, und immer wieder bekommen wir andere Rückmeldungen:

„Es ist zu groß.“

„Es ist zu klein.“

„Es gibt hier zu viele Wände.“ (Das ist mein Favorit.)

Während ich das hier schreibe, gibt es ein neues Angebot, aber ich habe gelernt, nichts für sicher zu halten, solange die Tinte auf dem Vertrag nicht trocken ist.

Wie leben Sie in den Wartezeiten Ihres Lebens?

Was geht in Ihnen vor, wenn Sie wieder und wieder über eine Sache gebetet haben, aber immer noch nicht erkennen können, dass Gott an der Sache arbeitet?

Vielleicht warten Sie auf das Ergebnis einer medizinischen Untersuchung. Können Sie den Frieden Christi erleben, bevor Sie die Diagnose kennen?

Wenn in Ihrer Seele Nacht ist, wie halten Sie es aus bis zur Morgendämmerung?

An diesem Punkt meines Lebens lerne ich gerade, Gott auch im Wartezimmer zu loben – im Wissen, dass er zur Stelle ist, egal, was geschehen wird.

Wer im Dunkeln loben lernt,
findet Frieden in Gottes Gegenwart.

Die tägliche Ration Bibel

Hoffe auf den Herrn, sei stark, und dein Herz fasse Mut – ja, hoffe auf den Herrn!

Psalm 27,14 (NG)

Herr, ich warte auf dein Heil!

1. Mose 49,18 (L)

Früh am Morgen hörst du mein Rufen, in der Frühe trage ich dir meine Sache vor und warte auf deine Entscheidung.

Psalm 5,4 (GN)

Unbeirrt habe ich auf den Herrn gehofft, auf seine Hilfe habe ich gewartet. Er hat mein Schreien gehört und hat mir geholfen.

Psalm 40,2 (GN)

Es gibt also noch eine besondere Ruhe für das Volk Gottes, die noch in der Zukunft liegt.

Hebräer 4,9 (NL)

Ein heiliges Wunder

Dr. Martin Luther King Jr. war zu Isolationshaft im Stadtgefängnis von Birmingham, Alabama, verurteilt worden. Jeden Morgen drangen durch das hoch gelegene Fenster seiner engen Zelle ein paar Sonnenstrahlen – um sofort von der schwarzen Nacht darunter verschluckt zu werden.

King hatte auch vorher schon Gefängniszellen erlebt, aber diesmal war etwas anders. Diesmal war er komplett abgeschottet. Und dieses Mal waren sein Herz und seine Sinne von quälenden Fragen erfüllt: *Was passiert mit der Bewegung, während ich hier bin? Ist für die anderen Hälftlinge Kautionsgeld gesammelt worden? Wie geht es meiner Frau und dem Baby?* Coretta King hatte wenige Tage vorher ihr Kind zur Welt gebracht, und man hatte ihm noch nicht einmal erlaubt, sie anzurufen und ihr zu versichern, dass es ihm gut ging.

Martin Luther King hat in seinem Kampf für Freiheit und Gerechtigkeit der Afroamerikaner viele Gerichtsverfahren erlebt. Seine Schriften zeugen nicht nur von den Augenblicken, in denen er unter der Last seines Anliegens schier zusammenbrach, sondern auch von der Tatsache, dass er genau wusste, an wen er sich in solchen Momenten wenden konnte.

Er fand neue Kraft und Frieden, wenn er auf die Knie ging und betete: „Herr, ich muss dir bekennen, dass ich jetzt schwach bin. Ich taumle, ich habe den Mut verloren. Ich fürchte mich."[15]

Dieses Gebet zeigt, dass Martin Luther King die Kraft des

Gebetes kannte und seine Fähigkeit, wie Lichtstrahlen die nachtschwarze Finsternis unserer Gefängniszellen aus Zweifel, Furcht und Kummer zu durchbrechen. Beten macht den Unterschied!

Im Jakobusbrief im Neuen Testament heißt es dazu: „Das Gebet eines Menschen, der nach Gottes Willen lebt, hat große Kraft“ (Jakobus 5,16; HfA).

Ist das nicht erstaunlich? Und geheimnisvoll? Was für ein Vorrecht – und was für ein heiliges Wunder! Der allmächtige Gott des Universums hat beschlossen, dass er mithilfe der Gebete einfacher Leute, wie Sie und ich es sind, zum Ziel kommen will. Unsere Gebete bewirken etwas. Gott hört sie und beantwortet sie.

Sind Sie gerade niedergeschlagen? Taumeln Sie, haben den Mut verloren, fürchten sich?

Wenden Sie sich im Gebet direkt an Gott.

Im Gebet erwartet Sie Gottes unermesslicher Friede.

Die tägliche Ration Bibel

Alle eure Sorgen werft auf ihn; denn er sorgt für euch.

1. Petrus 5,7 (GN)

Freut euch im Herrn. Ich betone es noch einmal: Freut euch! Lasst alle sehen, dass ihr herzlich und freundlich seid. Denkt daran, dass der Herr bald kommt. Sorgt euch um nichts, sondern betet um alles. Sagt Gott, was ihr braucht, und dankt ihm. Ihr werdet Gottes Frieden erfahren, der größer ist, als unser menschlicher Verstand es je begreifen kann. Sein Friede wird eure Herzen und Gedanken im Glauben an Jesus Christus bewahren.

Philipper 4,4-7 (NL)

Herr, ich rufe zu dir, komm mir schnell zu Hilfe! Höre auf meine Stimme, wenn ich zu dir rufe! Nimm mein Gebet an wie den Duft geopferten Weihrauchs; und wenn ich meine Hände zu dir emporhebe, dann sei es für dich wie ein Speiseopfer am Abend.

Psalm 141,1f (NG)

Sie schrien zum Herrn in ihrer Not: Und er führte sie heraus aus ihren Bedrängnissen. Er verwandelte den Sturm in Stille, und es legten sich die Wellen. Sie freuten sich, dass es still geworden war, und er führte sie in den ersehnten Hafen.

Psalm 107,28-30 (E)

Wirf dein Anliegen auf den Herrn; der wird dich versorgen und wird den Gerechten in Ewigkeit nicht wanken lassen.

Psalm 55,23 (L)

Halten Sie an der Wahrheit fest

Der Sommer in der texanischen Hauptstadt Dallas ging zu Ende, aber es war immer noch unglaublich heiß. Schottische Frauen sind genetisch nicht vorbereitet auf die Hitze in Texas. Ich hatte an diesem Tag noch einige Besorgungen zu machen, und mein letzter Weg führte mich in die Arztpraxis, um ein Rezept abzuholen.

Als ich auf den Aufzug wartete, ertappte ich mich dabei, wie ich die Dame vor mir bewunderte. Sie trug ein schönes ärmelloses Top und hatte genau die feingliedrigen, wohlgebräunten Arme und Schultern, die ich mir immer gewünscht hatte. (Meine Arme sind in Ordnung, aber eben nicht so vorzeigbar, wie ich es gerne hätte, und so zeige ich sie der Welt nur selten.) Die Aufzugtür öffnete sich, und ich drückte den Knopf für die dritte Ebene des Parkhauses. Die Dame drückte den Knopf für die vierte Ebene.

Wir standen einige Sekunden schweigend da. Dann sagte ich zu ihr: „Sie haben so schöne Schultern und Arme." Sie wandte sich mir zu und sagte: „Danke. Das macht der Krebs."

Einen Moment lang sagte ich nichts. Dann: „Das tut mir leid."

Sie lächelte und meinte: „Ist schon okay. Ich bin am Leben."

Die Tür öffnete sich auf meiner Ebene. Ich trat hinaus, ging zu meinem Wagen und setzte mich hinein. Es dauerte zwanzig Minuten, bis ich die Tränen endlich stoppen und heimfahren konnte. Ich betete für die Heilung der Frau. Ich betete, dass sie den Frieden finden möge, der in Christus allein zu finden ist. Ich war so aufgewühlt und fühlte mich so geistlos. Es war ja nicht so, dass meine Bemerkung unfreundlich gewesen wäre, aber sie machte mir etwas an mir selbst klar, dem ich Beachtung schenken möchte:

Dort im Aufzug war ich schnell bereit, mich von der äußeren Erscheinung beeindrucken zu lassen. Wir leben in einer von Bildern besessenen Welt, und Bilder können irreführend und trügerisch sein. Ohne Gottes Hilfe vergessen wir allzu leicht, dass die Wirklichkeit viel mehr Seiten hat, als wir mit den Augen wahrnehmen können.

In seinem Brief an die Gemeinde in Philippi hat der Apostel Paulus geschrieben: „Geschwister, richtet eure Gedanken ganz auf die Dinge, die wahr und achtenswert, gerecht, rein und unanstößig sind und allgemeine Zustimmung verdienen; beschäftigt euch mit dem, was vorbildlich ist und zu Recht gelobt wird“ (Philipper 4,8; NG).

Nichts raubt uns den Frieden mehr, als wenn wir uns miteinander vergleichen oder kritisieren, was wir im Spiegel erblicken.

Die Wahrheit, die es festzuhalten gilt, lautet: Sie sind geliebt, Sie sind schön, Sie sind kostbar, und Sie sind eine Tochter Gottes, des Allerhöchsten!

Ich bin eine Tochter des Königs der Könige.

Ich danke dir dafür, dass ich so wunderbar erschaffen bin, es erfüllt mich mit Ehrfurcht. Ja, das habe ich erkannt: Deine Werke sind wunderbar!

Psalm 139,14 (NG)

Lass dich nicht davon beeindrucken, dass er groß und stattlich ist. Er ist nicht der Erwählte. Ich urteile anders als die Menschen. Ein Mensch sieht, was in die Augen fällt; ich aber sehe ins Herz.

1. Samuel 16,7 (GN)

Liebe ist geduldig, Liebe ist freundlich. Sie kennt keinen Neid, sie spielt sich nicht auf, sie ist nicht eingebildet, sie ist nicht taktlos.

1. Korinther 13,4f (NG)

Den Körper zu trainieren bringt nur wenig Nutzen, aber sich in der Ehrfurcht vor Gott zu üben ist in jeder Hinsicht nützlich, weil dem, der Gott ehrt, wahres Leben versprochen ist – sowohl in dieser Welt als auch in der zukünftigen.

1. Timotheus 4,8 (NG)

Erforsche mich, Gott, und erkenne mein Herz, prüfe mich und erkenne meine Gedanken. Zeige mir, wenn ich auf falschen Wegen gehe und führe mich den Weg zum ewigen Leben.

Psalm 139,23f (NL)

Gott regiert

In einer Szene des Katastrophenfilms *Der Sturm* bleibt einem fast das Herz stehen. Der Fischer Bobby Shatford wendet sich an Kapitän Billy Tyne, als die Sonne durch die Wolken bricht und das Innere des vom Hurrikan gezeichneten Fischtrawlers erleuchtet. Er sagt: „Wir werden es schaffen."

Der Kapitän lässt seinen Blick zum Horizont und über die See schweifen, als die Wolken die Sonne wieder verhüllen. Er schüttelt den Kopf und sagt: „So leicht lässt sie uns nicht los."

Nur Augenblicke später erhebt sich eine gigantische Welle, eine regelrechte Wand aus Wasser über ihrem Schiff, der *Andrea Gail*. Die Männer haben alle Mühe, das Schiff auf den Kamm der Welle zu steuern, bevor diese über sie hereinbricht.

In diesem Moment wirkt der Ozean monströs, geradezu lebendig.

Die Israeliten, die vor mehr als drei Jahrtausenden Mose beim Auszug aus Ägypten folgten, würden ihre Begegnung mit dem Meer wohl ähnlich beschrieben haben. Sie waren kein Volk von Seefahrern, und so empfanden sie das Meer als gefährlich und unheimlich. Mit der Zeit verknüpften sie die Vorstellung vom Meer mit Chaos und mit dem Bösen. So ist es kein Wunder, dass wir an vielen Stellen im Alten Testament jubelnde Aussagen finden, wonach Gott mächtiger ist als die Wassermassen: „Der Herr thront über den Fluten, als König herrscht er für alle Zeit. Der Herr wird seinem Volk Kraft geben, er wird es segnen und ihm Frieden schenken" (Psalm 29,10f; HfA).

Ist das nicht großartig? Ganz gleich, was Ihnen heute bevorsteht, welches Chaos vielleicht um Sie herum herrscht, ganz gleich auch, ob sich vor Ihnen ähnlich massive Probleme auftürmen wie die Monsterwelle vor der *Andrea Gail* – das Chaos und die Wellen sind nicht so mächtig, dass Gott sie nicht bändigen könnte.

Ihr allmächtiger Gott herrscht über alles! Tatsächlich gilt, was in einem anderen Psalm über Gott gesagt wird: „Er sammelte das Wasser des Meeres und setzte ihm eine Grenze. In die riesigen Meeresbecken füllte er die Fluten" (Psalm 33,7; NG). Was Ihnen auch immer heute begegnet – Sie treten ihm zusammen mit dem gegenüber, der Sie nicht nur liebt, sondern der auch die aufgewühlten Meere der Welt – und alle Ihre Probleme – in seinen Händen hält.

Ganz gleich, wie heftig der Sturm weht – Gott ist stärker.

Die tägliche Ration Bibel

Wer hat das Meer mit Toren abgesperrt, als es hervorbrach aus dem Schoß der Erde? Ich war's, ich hüllte es in dichte Wolken, als Windel gab ich ihm den dunklen Nebel. Ich gab ihm seine vorbestimmte Grenze, schloss es mit Tor und Riegel sicher ein. Ich sagte ihm: „Bis hierher und nicht weiter! Hier hört der Hochmut deiner Wellen auf!"

Hiob 38,8-11 (GN)

Er verwandelte den Sturm in Stille, und es legten sich die Wellen. Sie freuten sich, dass es still geworden war, und er führte sie in den ersehnten Hafen. Sie sollen den Herrn preisen für seine Gnade, für seine Wunder an den Menschenkindern. Sie sollen ihn erheben in der Versammlung des Volkes, in der Sitzung der Ältesten ihn loben!

Psalm 107,29-32 (E)

Jesus stand auf, wies den Wind in seine Schranken und befahl dem See: „Schweig! Sei still!" Da legte sich der Wind, und es trat eine große Stille ein.

Markus 4,39 (NG)

Für alle, die arm und hilflos sind, bist du eine Zuflucht in Zeiten der Not, ein Schutzdach bei kalten Regengüssen, ein Schatten bei heißer Sonnenglut.

Jesaja 25,4 (GN)

Ich sage dir: „Sei stark und mutig! Hab keine Angst und verzweifle nicht. Denn ich, der Herr, dein Gott, bin bei dir, wohin du auch gehst."

Josua 1,9 (NL)

Diesen Weg sind Sie noch nie gegangen

Alles, was sie bis dahin gekannt hatten, sollte sich für immer verändern.

Diese Erwachsenen waren noch Kinder, als Gott ihre Eltern dazu verdonnert hatte, vierzig Jahre lang durch die Wüste zu ziehen. Während sie aufwuchsen, hieß es: Aufbruch, sobald sich die Wolke, die Gottes Gegenwart repräsentierte, in Bewegung setzte. Anhalten und Lager aufbauen, sobald und wo auch immer die Wolke anhielt.

Und immer war Mose ihr Anführer gewesen. Er hatte das Rote Meer geteilt. Er hatte für sie Wasser gefunden, wenn sie durstig waren. Er hatte bei Streitigkeiten zwischen ihnen vermittelt, und er hatte sich bei Gott immer für sie eingesetzt.

Nun waren vierzig Jahre vergangen. Mose war gestorben, genau wie ihre Eltern. Die wandernden Kinder waren nun ihrerseits Erwachsene. Sie würden unter Josuas Führung in das verheißene Land einziehen.

Gott erfüllte das Versprechen, das er ihrem Vorfahren Abraham vor so langer Zeit gegeben hatte. Das Land Kanaan würde ihnen gehören; Israel würde endlich nach Hause kommen. Aber Gott hatte nicht vor, ihnen Kanaan auf dem Silbertablett zu präsentieren. Sie sollten es mit seiner Hilfe gewinnen. Gott erwartete von ihnen Kampfgeist und Gehorsam.

Es muss den Israeliten ebenso aufregend wie mulmig zumute gewesen sein, als sie sich ins verheißene Land aufmachten. Sie wussten, dass sie zunächst den Jordan überschreiten mussten, der gerade viel Wasser führte, und dann galt es, die gut befestigte Stadt Jericho zu erobern. Beide Aufgaben waren herausfordernd, und anfangs gab Gott keinerlei detaillierte Anweisungen, wie seine Leute das bewältigen sollten. Gott sagte ihnen lediglich, sie sollten der Bundeslade folgen: „Sie zeigt euch den Weg, den ihr gehen sollt, denn ihr kennt ihn ja noch nicht.“ (Josua 3,4; S).

Dazu muss man wissen, dass die Bundeslade das Symbol für die Gegenwart Gottes inmitten seines Volkes Israel war, und seine Gegenwart war genug. Genug, um sie zu leiten. Genug, um ihnen Sicherheit zu gewähren. Genug, um Gewissheit und Frieden in ihre Herzen zu pflanzen, wenn sie wieder einmal das Unmögliche in Angriff nahmen.

Gottes Gegenwart in unserem Leben ist immer, *immer* genug. Ganz gleich, was heute vor Ihnen liegt – ob es die ermüdende Wegstrecke durch eine Wüste ist oder das aufregende, aber auch Furcht einflößende Unbekannte: Rücken Sie an die Seite Ihres Vaters! Lassen Sie Ihr Herz Frieden finden in seinem Versprechen, dass er Sie auf Ihrem Weg verlässlich leiten und schützen wird.

Diesen Weg sind Sie noch nie gegangen,
aber Gott geht mit Ihnen.

Die Frucht des Geistes ist Liebe, Freude, Friede, Langmut, Freundlichkeit, Güte, Treue, Sanftmut, Selbstbeherrschung. Gegen solche Dinge gibt es kein Gesetz.

Galater 5,22f (S)

Alle, die sich von Gottes Geist regieren lassen, sind Kinder Gottes. Denn der Geist Gottes, den ihr empfangen habt, führt euch nicht in eine neue Sklaverei, in der ihr wieder Angst haben müsstet. Er hat euch vielmehr zu Gottes Söhnen und Töchtern gemacht. Jetzt können wir zu Gott kommen und zu ihm sagen: „Abba, lieber Vater!“ Gottes Geist selbst gibt uns die innere Gewissheit, dass wir Gottes Kinder sind. Als seine Kinder aber sind wir – gemeinsam mit Christus – auch seine Erben. Und leiden wir jetzt mit Christus, werden wir einmal auch seine Herrlichkeit mit ihm teilen.

Römer 8,14-17 (HfA)

Gott sagt: „Ich will dich unterweisen und dir den Weg zeigen, den du gehen sollst; ich will dich mit meinen Augen leiten.“

Psalm 32,8 (L)

Der HERR wird dich ohne Unterlass leiten und deine Seele in der Dürre sättigen und deine Gebeine stärken; du wirst sein wie ein wohlbewässerter Garten und wie eine Wasserquelle, deren Wasser niemals versiegen.

Jesaja 58,11 (S)

Herr, zeige mir deine Wege und lehre mich, auf deinen Pfaden zu gehen! Führe mich durch deine Treue und unterweise mich. Denn du bist der Gott, der mir Rettung schafft. Auf dich hoffe ich Tag für Tag.

Psalm 25,4f (NG)

Wer hat die Kontrolle?

Er pflegte in teuren Hotels abzusteigen, nur um anschließend zu verschwinden, ohne die Rechnung zu bezahlen. Er hatte keine Skrupel, sich zu stehlen, was er wollte. Und er liebte das Glücksspiel. Aber dann lernte er Jesus kennen, und alles wurde anders.

Er war Georg Müller, ein deutschstämmiger Evangelist im 19. Jahrhundert, der 1836 in England ein Waisenhaus eröffnete, um 26 elternlosen Kindern ein Zuhause zu bieten. Bis 1870 waren es bereits 1.722 Kinder in fünf verschiedenen Einrichtungen. In all den Jahren vertraute Georg Müller darauf, dass Gott sich um die Versorgung kümmerte. Er bat niemals um finanzielle Unterstützung und warb niemals um Spenden für die Ernährung der Kinder. Stattdessen betete er.

Eines Morgens richtete der den Frühstückstisch her im Bewusstsein, dass er absolut nichts hatte, um die Kinder satt zu machen. Sie neigten ihre Häupter über leeren Schüsseln, Georg Müller bat Gott um das tägliche Brot.

Plötzlich klopfte es an der Tür. Der Bäcker erklärte, Gott habe ihm aufgetragen, den Kindern Brot zu bringen. Dann klopfte der Milchmann. An seinem Karren war direkt vor dem Waisenhaus ein Rad gebrochen. Er hoffte, dass das Waisenhaus Verwendung für die Milch hatte, damit er den Karren entladen und reparieren konnte. Georg Müller wusste ohne jeden Zweifel, dass Gott der Geber dieser guten Gaben war.

Im Buch Richter Kapitel 6 erfahren wir, wie Gideon sich

selbst von dieser Tatsache überzeugen wollte. Er wollte ganz sicher sein, dass Gott ihm beistehen würde, wenn er die Anhänger Baals bekämpfte, und so bat Gideon Gott um einen Beweis. Gott sollte zeigen, dass er die Kontrolle über den Morgentau hat.

Dieser Test war bedeutungsvoll, denn die Feinde Israels verehrten Baal, von dem sie glaubten, dass er den Tau und den Regen steuerte und damit für gute Ernten garantierte. Gideon musste wissen, wer tatsächlich zuständig war: Gott oder Baal. Wenn Gott bewies, dass er die Kontrolle über den Tau hatte, dann wäre Gideon überzeugt von Gottes Macht, und das würde ihn in seinem Entschluss bestärken, die Israeliten in den Kampf zu führen. Mit dem Gott, der die Kontrolle hat, an seiner Seite konnte er jede Prüfung mutig und zuversichtlich angehen.

Wie steht es mit Ihnen? Glauben Sie daran, dass Gott zuständig ist? Er kontrolliert den Tau, den Regen – und alles, was unseren Weg kreuzt.

Gott hat alles unter Kontrolle, und er liebt Sie.

Die tägliche Ration Bibel

Wenn ihr euch an meine Vorschriften haltet und meine Gebote befolgt, will ich es immer zur rechten Zeit regnen lassen. Dann wird die Erde ihre Erträge hervorbringen und die Bäume ihre Früchte. Die Dreschzeit wird bis zur Weinlese dauern und die Weinlese bis zur Saatzeit. Ihr werdet mehr als genug zu essen haben und sicher in eurem Land leben.

3. Mose 26,3-5 (NL)

Selbst junge und starke Löwen können ihren Hunger nicht stillen, aber wer die Nähe des Herrn sucht, dem wird nichts Gutes fehlen.

Psalm 34,11 (NG)

Seht euch die Vögel an! Sie säen nicht, sie ernten nicht, sie sammeln keine Vorräte – aber euer Vater im Himmel sorgt für sie. Und ihr seid ihm doch viel mehr wert als Vögel! Wer von euch kann durch Sorgen sein Leben auch nur um einen Tag verlängern? Und warum macht ihr euch Sorgen um das, was ihr anziehen sollt? Seht, wie die Blumen auf den Feldern wachsen! Sie arbeiten nicht und machen sich keine Kleider, doch ich sage euch: Nicht einmal Salomo bei all seinem Reichtum war so prächtig gekleidet wie irgendeine von ihnen.

Matthäus 6,26-29 (GN)

Aus seinem großen Reichtum wird euch Gott, dem ich gehöre, durch Jesus Christus alles geben, was ihr zum Leben braucht.

Philipper 4,19 (HfA)

Und wenn der Herr, dein Gott, dich in das Land geführt hat, von dem du weißt: er hat deinen Vätern Abraham, Isaak und Jakob geschworen, es dir zu geben – große und schöne Städte, die du nicht gebaut hast, mit allen Gütern gefüllte Häuser, die du nicht gefüllt hast, ausgehauene Zisternen, die du nicht ausgehauen hast, Weinberge und Ölbäume, die du nicht gepflanzt hast –, wenn du dann isst und satt wirst: nimm dich in Acht, dass du nicht den Herrn vergisst, der dich aus Ägypten, dem Sklavenhaus, geführt hat!

5. Mose 6,10-12 (EÜ)

Meine Zeit steht in deinen Händen

Auch wenn ich regelmäßig mit meiner Mutter in Schottland telefoniere, bedaure ich doch, dass ich ihr Gesicht nicht sehen kann. Die Art, wie sie lächelt und aufmerkt und zuhört, hat etwas Besonderes, und das Telefon kann das leider nicht übermitteln. Ich habe schon angeboten, dass ich ihr einen Computer kaufe, damit ich ihr Fotos schicken kann und wir uns per Skype austauschen können. Aber sie ist solchen neumodischen Geräten gegenüber sehr misstrauisch und weigert sich, etwas Derartiges in ihr Haus zu lassen. So versuchte ich es mit Plan B.

Jeden Donnerstag pflegt Mom mit meiner Schwester zu Abend zu essen, und so bat ich Frances, eine Skype-Konferenz vorzubereiten und Mom zu überraschen. Wobei „überraschen" die Untertreibung des Jahres ist! Frances hatte Mom in einen Sessel am Kamin platziert, dann brachte sie das Notebook zu ihr, und ich sollte sie fröhlich mit „Hi, Mom!" begrüßen. Es dauerte zwei Minuten, bis sie sich von dem Schrecken erholt hatte, danach führten wir eine fröhliche Unterhaltung.

Ein paar Stunden später, als ich wusste, dass meine Mutter zu Hause sein würde, rief ich sie an, nur um sicherzugehen, dass es ihr gut ginge, und um ihr eine gute Nacht zu wünschen. Ich fragte sie, ob ihr das Gespräch gefallen hätte. Sie sagte: „Das schon – aber wenn ich gewusst hätte, dass ich ins Fernsehen komme, dann hätte ich mir vorher die Haare gemacht."

Meine Mutter ist so liebevoll zu mir, und es fällt mir schwer, sie altern zu sehen. So scharfsinnig sie immer noch ist, und dafür bin ich dankbar, so viele Erinnerungen entgleiten ihr inzwischen aber auch.

Deshalb finde ich es tröstlich, was in Psalm 31 steht: „HERR, ich hoffe auf dich und spreche: ‚Du bist mein Gott!' Meine Zeit steht in deinen Händen" (Psalm 31,15f; L).

Meine Zeit ... unsere Zeit ... unsere Tage, unsere Monate, die rasch dahinfliegenden Jahre: Sie stehen alle in den Händen unseres liebevollen Vaters. Er hat versprochen, jede Minute unseres Lebens bei uns zu sein. Er wird uns nie im Stich lassen, nie aufgeben.

Sich diese Wahrheit bewusst zu machen, bremst nicht den Strom der Zeit. Die Tage werden dennoch vorbeieilen. Selbst Jahre und Jahrzehnte verflüchtigen sich!

Aber wir können trotz der Vergänglichkeit der Zeit Trost und Frieden finden, wenn wir an der Tatsache festhalten, dass unser Gott uns immer nah ist und uns Worte der Erlösung und Vergewisserung zuspricht:

„Ja, da hast du einen Fehler gemacht, aber schau nur, wie du daran gewachsen bist!"

„Schon wahr, die Erfüllung dieses Traums zieht sich hin, aber wir sind auch noch nicht fertig!"

„Ich weiß, die Gelegenheit hast du verpasst. Aber ich habe noch Pläne mit dir, die besser sind, als du es dir vorstellen kannst."

„Ich verstehe, dass es schwer für dich ist, die Zeit so dahinfliegen zu sehen. Aber hab keine Angst: Ich begleite dich bei jedem Schritt auf deinem Weg."

Ich bin so dankbar, dass mein Schicksal in den Händen meines liebenden, allmächtigen Vaters liegt.

Die tägliche Ration Bibel

Hab keine Angst, ich bin dein Gott! Ich mache dich stark, ich helfe dir, ich schütze dich mit meiner siegreichen Hand!

Danke

Jesaja 41,10 (GN)

Geht zu allen Völkern und macht die Menschen zu meinen Jüngern; tauft sie auf den Namen des Vaters, des Sohnes und des Heiligen Geistes und lehrt sie, alles zu befolgen, was ich euch geboten habe. Und seid gewiss: Ich bin jeden Tag bei euch, bis zum Ende der Welt.

Matthäus 28,19-20 (NG)

Seid mutig und stark! Habt keine Angst, und lasst euch nicht von ihnen einschüchtern! Der Herr, euer Gott, geht mit euch. Er hält immer zu euch und lässt euch nicht im Stich!

Danke

5. Mose 31,6 (HfA)

Als ich gerade erst entstand, hast du mich schon gesehen. Alle Tage meines Lebens hast du in dein Buch geschrieben – noch bevor einer von ihnen begann!

Psalm 139,16 (HfA)

Herr, ich hoffe auf dich und spreche: „Du bist mein Gott!" Meine Zeit steht in deinen Händen.

Psalm 31,15f (L)

Gottes Weitsicht

Im Herbst des Jahres 1785 bestieg Thomas Coke ein Schiff, um eine Gruppe von Missionaren nach Nova Scotia an der kanadischen Westküste zu begleiten. Vom ersten Tag an geriet das Schiff in einen heftigen Sturm nach dem andern. Die normalerweise einmonatige Passage dauerte drei Monate, und sie erreichten niemals Nova Scotia. Schließlich steuerte das Schiff an Weihnachten den ersten sicheren Hafen an, den sie fanden – auf der Karibikinsel Antigua.

Thomas kannte den Namen eines Mannes, der auf Antigua lebte, einen Missionar namens John Baxter. Nachdem Thomas und die mitgereisten Missionare an Land gegangen waren, hielten sie den ersten Menschen an, den sie trafen, um ihn zu fragen, ob er einen Mr. Baxter kannte. Es war John Baxter selbst, der gerade auf dem Weg zur Kirche war! Dass gerade jetzt Missionare auf der Insel landeten, erschien ihm wie ein Geschenk. Am Ende des Gottesdienstes an jenem Tag war sich Thomas sicher, dass Gott selbst in seiner Weitsicht sie nach Antigua geführt hatte. So blieben die Missionare dort und erlebten, wie Tausende zum Glauben kamen.

Das Buch Ruth berichtet von einem anderen bemerkenswerten Beispiel von Gottes Weitsicht. Nachdem der Mann und die Söhne der Israelitin Naomi gestorben waren, kehrte sie nach Bethlehem zurück, nur begleitet von ihrer Schwiegertochter Ruth. Ohne einen Mann in der Familie musste Ruth nun für sie beide sorgen. Als sie auf den abgeernteten Feldern übrig gebliebene Ähren lesen wollte, kam sie wie zufällig auf das Feld eines Mannes namens Boas (Ruth 2,3).

Boas war nicht nur ein ehrenhafter und freundlicher Mensch, er war passenderweise auch Naomis und Ruths „Auslöser", ein naher Verwandter, der im Fall des Todes eines Familienvorstandes das Land der Familie kaufen und die Witwe des Verstorbenen heiraten musste, damit der Familienname nicht erlosch.

Genau das tat Boas für Ruth, und indem er es tat, gab er Ruth und Naomi die Liebe und die Fürsorge, die sie so dringend brauchten.

Manchmal scheint alles im Leben auf unerklärliche Weise schiefzugehen. Gerade dann ist es besonderes nötig, dass wir uns klarmachen: Unser Leben liegt in Gottes Hand, und wir können uns darauf verlassen, dass seine Weitsicht uns sicher nach Hause bringt.

> Sie können Gott mitten im Sturm anbeten, denn er wacht über Ihnen.

Die tägliche Ration Bibel

Er hat die Riegel deiner Tore befestigt, hat deine Kinder gesegnet in deiner Mitte. Er schafft Frieden in deinen Grenzen, er sättigt dich mit dem besten Weizen.

Psalm 147,13f (E)

Der Herr ist gut und gerecht; darum zeigt er den Sündern den richtigen Weg. Er zeigt den Demütigen, was richtig ist, und lehrt sie seinen Weg. Mit Gnade und Treue leitet der Herr alle, die seinen Bund halten und seinen Geboten gehorchen.

Psalm 25,8-10 (NL)

Der HERR ist mein Licht und mein Heil, vor wem sollte ich mich fürchten? Der HERR ist meines Lebens Zuflucht, vor wem sollte ich erschrecken?

Psalm 27,1 (E)

Der Engel des HERRN umgibt alle mit seinem Schutz, die Gott achten und ehren, und rettet sie aus der Gefahr.

Psalm 34,8 (HfA)

Ich fürchte mich nicht

Allen Emery war ein erfolgreicher Wollhändler aus Boston. Auf einer seiner Handelsreisen musste er eine Nacht auf den Feldern bei einem Schafhirten und dessen Herde verbringen. Als das furchterregende Geheul von Wölfen erscholl, begannen die Hütehunde zu knurren, die Schafe bewegten sich nervös, und der Hirte warf noch mehr Holz ins Feuer. Als die Flammen hochloderten, sah Mr. Emery Tausende Lichtpunkte im Feld vor ihm. Er staunte nicht schlecht, als im klar wurde: Was er da sah, waren die Augen der Schafe. Kein Schaf hatte den Blick auf die drohende Gefahr gerichtet, sondern alle schauten auf den, der für ihre Sicherheit sorgte – auf den Hirten.

Der dreiundzwanzigste Psalm, der beliebteste und bekannteste Psalm überhaupt, schildert in eindrücklichen Bildern die Fürsorge des guten Hirten für seine Schafe. So in Vers 4: „Auch wenn ich wandere im Tal des Todesschattens, fürchte ich kein Unheil, denn du bist bei mir; dein Stecken und dein Stab, sie trösten mich“ (Psalm 23,4; E).

Das „Tal des Todesschattens“ war für den Psalmisten nicht nur eine Allegorie. Dieses Tal gab es tatsächlich im alten Israel – heute ist es als Wadi Qelt bekannt. Dieses Wadi ist eine tiefe Schlucht, Teil einer alten Verbindungsstraße zwischen Jericho und Jerusalem. In der Antike galt die Passage der Schlucht als gefährlich – dort lauerten Wegelagerer, und bei Regen konnte das Wadi blitzartig überflutet werden. (Diese tückische Route hatte Jesus vor Augen, als er das Gleichnis vom Barmherzigen

Samariter erzählte.) Wen wundert es, dass das Wadi Qelt den Beinamen „Tal des Todesschattens“ bekam?

Aber der Psalmist behauptet, dass er selbst auf dem Weg durch diese Schlucht, selbst an diesem überaus gefährlichen Ort, kein Unheil fürchtet, denn sein göttlicher Hirte ist stets bei ihm. Der Psalmist verkündet, dass sein Herz im Frieden ist, obwohl er sich sehr realen und bedrohlichen Gefahren gegenübersieht. Er weiß, dass sein fürsorglicher Hirte ihn beschützt.

Wie die Schafe, die Allen Emery sah, hat der Psalmist seine Augen nicht auf die Gefahren ringsum gerichtet, sondern auf seinen Hirten, den Garanten seiner Sicherheit.

Worauf richten Sie Ihren Blick? Auf die Schrecken, die Ihnen zusetzen – oder auf den Einen und Einzigen, der die Macht hat, Sie zu retten?

Richten Sie Ihren Blick auf den Guten Hirten, dann wird Ihr Herz im Frieden sein.

Die tägliche Ration Bibel

Ich bin der gute Hirte. Der gute Hirte opfert sein Leben für die Schafe. Ein Schäfer, der nur für Lohn arbeitet, läuft davon, wenn er einen Wolf kommen sieht. Er wird die Schafe im Stich lassen, weil sie ihm nicht gehören und er nicht ihr Hirte ist. Und so greift der Wolf sie an und zerstreut die Herde. Der bezahlte Arbeiter läuft davon, weil er nur angeworben wurde und die Schafe ihm nicht wirklich am Herzen liegen. Ich bin der gute Hirte; ich kenne meine Schafe und sie kennen mich, so wie mein Vater mich kennt und ich den Vater. Ich gebe mein Leben für die Schafe.

Johannes 10,11-15 (NL)

Als Jesus aus dem Boot stieg und die vielen Menschen sah, ergriff ihn tiefes Mitgefühl, denn sie waren wie Schafe, die keinen Hirten haben. Er nahm sich darum viel Zeit, sie zu lehren.

Markus 6,34 (NG)

Kommt, lasst uns anbeten und uns neigen, lasst uns niederknien vor dem Herrn, der uns gemacht hat! Denn er ist unser Gott, und wir sind das Volk seiner Weide und die Herde seiner Hand.

Psalm 95,6f (E)

Furcht ist nicht in der Liebe, sondern die vollkommene Liebe treibt die Furcht aus, denn die Furcht hat mit Strafe zu tun; wer sich nun fürchtet, ist nicht vollkommen geworden in der Liebe.

1. Johannes 4,18 (S)

Fürchte dich nicht, ich bin mit dir; weiche nicht, denn ich bin dein Gott. Ich stärke dich, ich helfe dir auch, ich halte dich durch die rechte Hand meiner Gerechtigkeit.

Jesaja 41,10 (L)

Sie lacht des kommenden Tages

Im Jahr 1172 starb die wohlhabende Witwe Berta di Bernado und vermachte dem Erzbistum Pisa 60 Goldmünzen. Sie waren für die Errichtung eines Turmes bestimmt. Im folgenden Jahr erfolgte die Grundsteinlegung für den Turm, der als der Schiefe Turm von Pisa bekannt werden sollte.

Offiziell vollendet wurde das Bauwerk 1370, aber schon vorher hat der Turm begonnen, sich zu neigen. Seitdem hat es zahlreiche Versuche gegeben, das langsame, aber scheinbar unaufhaltsame Kippen des Turms aufzuhalten. Nur wenige Maßnahmen zeigten überhaupt Wirkung – manche beschleunigten das Kippen sogar noch! Jüngst scheint eine Lösung gefunden worden zu sein – aber sie wird nach Schätzungen bis zu 4,5 Millionen Euro kosten.

Warum steht der Turm überhaupt schief?

Das Problem liegt im Untergrund, auf dem der Turm errichtet wurde. Die Mischung aus altem Meeresboden, Lehm und Sand ist kein geeigneter Baugrund für ein solches Projekt.

Im Matthäusevangelium erzählt Jesus das Gleichnis vom weisen und vom törichten Bauherrn (Matthäus 7,24-27). Letzterer baute sein Haus auf Sand, wie beim Schiefen Turm von Pisa. Als die Stürme des Lebens kamen, stürzte das Haus ein. Der weise Bauherr dagegen hat sein Haus auf Fels gebaut. Die

Stürme des Lebens haben auch an diesem Haus gerüttelt, aber es hielt stand.

Jesus ließ keinen Zweifel daran, wie das Gleichnis zu verstehen ist: Wer seine Worte hört, sie aber nicht beherzigt, gleicht dem Mann, der sein Haus auf Sand errichtet hat. Der Einsturz ist unausweichlich, genau wie die Stürme des Lebens unausweichlich sind.

Wir alle fragen uns gelegentlich, ob wir wohl in der Lage sein werden, die Stürme des Lebens zu überstehen. Ich weiß nicht, wie es Ihnen geht – aber ich brauche die beruhigende Gewissheit, dass mein Leben in der Wahrheit Jesu Christi verwurzelt ist, und dass das Fundament meines Lebens auf diesem Felsen steht! Ich möchte mein Leben in dem Frieden und in der Sicherheit der Liebe Gottes führen. Dann kann ich der Zukunft furchtlos entgegenblicken, wie die Frau, von der es in den Sprüchen Salomos heißt: „Kraft und Würde sind ihr Gewand, und sie lacht des kommenden Tages“ (Sprüche 31,25; L).

Im Frieden Christi ruhend, will auch ich des kommenden Tages lachen. Ich hoffe, Sie leisten mir Gesellschaft.

Vertrauen und bauen Sie auf den Grund,
der niemals schwankt!

Ich bin überzeugt, dass weder Tod noch Leben, weder Engel noch unsichtbare Mächte, weder Gegenwärtiges noch Zukünftiges, noch gottfeindliche Kräfte, weder Hohes noch Tiefes, noch sonst irgendetwas in der ganzen Schöpfung uns je von der Liebe Gottes trennen kann, die uns geschenkt ist in Jesus Christus, unserem Herrn.

Römer 8,38f (NG)

Achte auf den, der aufrichtig und ehrlich ist, denn dieser Mensch hat eine Zukunft in Frieden.

Psalm 37,37 (NG)

Wenn der Sturm vorüber ist, sind die Unheilstifter nicht mehr da; aber wer das Rechte tut, steht immer auf festem Grund.

Sprüche 10,25 (GN)

Vertraue von ganzem Herzen auf den Herrn und verlass dich nicht auf deinen Verstand. Denke an ihn, was immer du tust, dann wird er dir den richtigen Weg zeigen. Danke

Sprüche 3,5f (NL)

Verlasst euch stets auf den Herrn; denn der Herr ist ein ewiger Fels.

Jesaja 26,4 (E)

Quellenangaben

1 Scott Pelley, „Family Members to Alleged Gunman: ‚I Forgive You'"; 19.6.2015; http://www.cbsnews.com/news/families-show-forgiveness-for-alleged-church-shooter/

2 Cheftrainer der Green Bay Packers aus Wisconsin in den 1960er-Jahren, mit seinem Team Super-Bowl-Gewinner 1966 und 1967

3 Thomas Cahill, „Wie die Iren die Zivilisation retteten", München 1998, S. 114f.

4 Bryn Henry, 21.5.2015; http://www.wsfa.com/story/29086720/5-year-olds-touching-gesture-feeds-homeless-man-at-waffle-house

5 Amerikanisches Erntedankfest, wird traditionell am 4. Donnerstag im November gefeiert

6 Gerhard Tersteegen, „Leben heiliger Seelen", Essen 1754, Bd. 2, IX.7.

7 „Islamischer Staat: Der letzte Brief der Kayla Jean Mueller"; Die Welt, 11.2.2015; https://www.welt.de/politik/ausland/article137333963/Die-letzten-Worte-der-IS-Geisel-Kayla-Jean-Mueller.html

8 Herb Boyd, „Autobiography of a People", New York 2000, S. 44ff

9 Babylonischer Talmud, Traktat Berachot 61b. Rabbi Akiba zitiert an dieser Stelle 5. Mose 30,22.

10 „Iraqi Christians in Peril – Faith Matters", DW English 5.2.2013, https://www.youtube.com/watch?v=YdWMIZU4gsA

11 Kenneth Bailey, „Jesus war kein Europäer. Die Kultur des Nahen Ostens und die Lebenswelt der Evangelien", SCM Brockhaus, Witten 2017, S. 147

12 Oswald Chambers, „Christian Discipline", Vol. 2, Crewe UK 1936

13 Eugene H. Peterson, „Christ Plays in Ten Thousand Places", Grand Rapids 2008, S. 116

14 „Chinese Christians sing while church cross is removed by Government", International Christian Concern, 28.6.2014, https://www.youtube.com/watch?v=UVVoZn1rXR8

15 Clayborne Carson, „The Autobiography of Martin Luther King", New York 2001, S. 77

Die Bibelzitate wurden folgenden Übersetzungen entnommen: